中国-上海合作组织地方经贸合作示范区
科技创新政策体系研究

李汉清　朱艳鑫　薛风平　檀　壮　等著

中国海洋大学出版社

·青岛·

图书在版编目（CIP）数据

中国—上海合作组织地方经贸合作示范区科技创新政策体系研究／李汉清等著. —青岛：中国海洋大学出版社，2023.8
ISBN 978-7-5670-3589-8

Ⅰ.①中… Ⅱ.①李… Ⅲ.①上海合作组织—技术革新—政策体系—研究 Ⅳ.① F124.3

中国国家版本馆 CIP 数据核字（2023）第 163490 号

ZHONGGUO–SHANGHAI HEZUOZUZHI DIFANG JINGMAOHEZUO
SHIFANQU KEJICHUANGXIN ZHENGCETIXI YANJIU

出版发行	中国海洋大学出版社
社　　址	青岛市香港东路23号　　邮政编码　266071
网　　址	http://pub.ouc.edu.cn
出 版 人	刘文菁
责任编辑	邓志科　　　　电　　话　0532-85901040
电子信箱	dengzhike@sohu.com
印　　制	日照报业印刷有限公司
版　　次	2023年8月第1版
印　　次	2023年8月第1次印刷
成品尺寸	170 mm × 230 mm
印　　张	9
字　　数	170千
印　　数	1—1000
定　　价	58.00元
订购电话	0532-82032573（传真）

发现印装质量问题，请致电0633-8221365，由印刷厂负责调换。

前言
PREFACE

2018年6月，习近平主席在上海合作组织成员国元首理事会第十八次会议上提出，中国政府支持在青岛建设中国-上海合作组织地方经贸合作示范区。2019年9月，国务院批复《中国-上海合作组织地方经贸合作示范区建设总体方案》，要求鼓励企业与上合组织国家相关城市的企业和研究机构开展新材料、生物医药等领域合作，推动上合组织国家科技成果转移合作，加强技术研发中心及孵化载体建设，推进项目孵化与企业培育。研究中国-上海合作组织地方经贸合作示范区国际科技合作创新政策体系，是推动新材料、生物医药等领域技术研发、跨境科技成果转移合作，吸引更多项目和载体在上合示范区顺利落地和发展壮大的必然要求，是引领上合组织成员国间科技合作、增强合作主体共同发展繁荣的重要抓手。

本书是在中国工程科技发展战略山东研究院咨询研究项目"中国-上海合作组织地方经贸合作示范区国际科技合作创新体系的构建及相关研究"（项目编号：202002SDZD01-01）子课题"中国-上海合作组织地方经贸示范区科技创新政策体系研究"研究基础上，经过编辑整理形成的。主要内容包括上合组织国际科技合作经验、国际科技合作模式、上合示范区国际科技合作现状与问题、上合示范区国际科技合作体系建设路径与政策设计。

全书共分七部分，檀壮、王栋负责撰写"概述"部分；李汉清、王淑玲、姜静、王春莉、徐文亭、赵永强负责撰写"上合组织国际科技合作经验研究"部分；陈超贤、薛风平、李汇简、李汉清负责撰写"促进国际科技合作的主要模式与政策研究"部分；燕光谱、檀壮、刘振宇负责撰写"新材料、生物医药产业国际科技合作的主要模式与政策研究"部分；陈超贤、朱艳鑫、李汉清负责撰写"上合示范区国际科技合作现状与问题"部分；薛风平、李汉清、檀壮、燕光谱、刘振宇、谭思明、刘文俭、李汇简负责撰写"上合示范区国际科技合作体系建设路径设计"部分；朱艳鑫、李汉清、谭思明、刘文俭、檀壮负责撰写"上合示范区国际科技合作政策体系设计"部分。

本书从国家和地方两个层面研究了上合组织国际科技合作经验，并给出了几个典型案例。归纳了国际科技合作的主要模式与关键政策，并对新材料和生物医药两个新兴产业的国际科技合作进行了重点研究。通过分析合作现状，指出上合示范区国际科技合作存在的问题。根据实际与发展需要，充分运用市场、政府两种机制，构建了相对完善的上合示范区国际科技合作体系，提出把上合示范区建设成为上合组织国家相关地方间科技合作制度创新的试验区、企业创业兴业的聚集区、"一带一路"地方经贸合作的先行区，打造新时代对外开放新高地。本书最后设计了由总体规划、政策工具、专项政策构成的上合示范区国际科技合作"1+3+N"政策体系，提出了应向国家积极争取的优惠政策，以及当前应加快实施的专项政策和突破性政策。

本书在编写过程中得到了中国工程科技发展战略山东研究院、中国科学院曼谷创新合作中心、上合示范区管委会、青岛市科学技术局、中国－上海合作组织技术转移中心等单位的大力支持，潘克厚、曲克明、戴桂林、张炳君、刘曙光、刘洪滨、李长胜、郭庆存、于正河等学者为本书的编写提供了宝贵意见，对他们表示诚挚的感谢。本书内容难免有疏漏与不当之处，恳请读者批评指正，深表感谢！

《中国－上海合作组织地方经贸合作示范区科技创新政策体系研究》课题组

2023年3月

目
CONTENTS
录

第一节　研究背景

《中国-上海合作组织地方经贸合作示范区建设总体方案》指出，要鼓励企业与上合组织国家①相关城市的企业和研究机构开展新材料、生物医药等领域合作，推动上合组织国家科技成果转移合作，加强技术研发中心及孵化载体建设，推进项目孵化与企业培育。目前，上海合作组织地方经贸合作示范区正在打造"上合国际客厅"，已规划建设上合国家技术转移中心、上合国际创业孵化基地、上合特色创业园、国际人才公寓等多个科技创新载体，上合国际创业孵化基地已投入使用，清华紫光磁流变项目、十二导联智能心电检测仪等创业项目已进驻基地开展研发中试。研究中国-上海合作组织地方经贸合作示范区国际科技合作创新政策体系，是推动新材料、生物医药等领域技术研发、跨境科技成果转移合作，吸引更多项目和载体在上合示范区顺利落地和发展壮大的必然要求，具有重要意义和价值。

① 上合组织国家包括成员国、观察员国和对话伙伴，文中大多数为上合组织国家，少量为上合组织成员国。

第二节　上合示范区国际科技合作现状评述

自20世纪90年代以来，中国已与俄罗斯、塔吉克斯坦、吉尔吉斯斯坦、哈萨克斯坦、乌兹别克斯坦、巴基斯坦等"一带一路"沿线国家签署了《中华人民共和国政府和俄罗斯联邦政府科学技术合作协定》《中华人民共和国政府和塔吉克斯坦共和国政府科学技术合作协定》等多份国际科技合作协议，在技术转移、人才交流、孵化器、科技园区、知识产权保护等领域，实现了国家间、政府部门间、地区间以及科研院所间的对口科技合作，形成了多渠道、多层次、全方位的合作格局，为中国与上合组织国家开展科技合作奠定了良好的基础。

近年来，国内新疆、陕西、黑龙江等一些地区开展了与上合组织国家之间的科技合作，分别在跨境技术转移、国际人才交流、国际科技合作计划、国际研发机构和创新载体建设合作等方面采取了一系列创新举措，为我们提供了可以学习借鉴的经验，如科技部和新疆维吾尔自治区人民政府启动的"上海合作组织科技伙伴计划"、陕西杨凌农业高新技术产业示范区建设的"上海合作组织农业技术交流培训示范基地"、上海的《上海服务国家"一带一路"建设发挥桥头堡作用行动方案》、香港特别行政区政府与深圳市人民政府签署的《关于"深港创新圈"合作协议》、苏州"一带一路"昆山国际先进技术研究院建设。这些经验和做法为上合示范区提供了开展国际科技合作的样板。

自2018年6月中国政府在上合组织青岛峰会上宣布支持在青岛建设中国—上海合作组织地方经贸合作示范区以来，青岛以开放的思维和举措，推进国际科技交流合作，通过搭建合作平台、出台扶持政策、举办形式丰富的国际创新活动，借脑全球"智慧"，与上合组织成员国、"一带一路"沿线国家、德国、日本等国家和地区"牵手"，积极探索国际科技合作发展新路径，着力建设"一带一路"新亚欧大陆经济走廊主要节点、海上合作战略支点城市，已逐步构建起合作稳定、联系广泛的国际科技合作新格局。在2020青岛国际技术转移大会上，中国-上海合作组织技术转移中心揭牌成立，将为上合组织成员国及"一带一路"沿线国家提供链接全球创新资源、展示全球先进技术、对接全球高端科技人才的国际化平台。

《山东省人民政府关于支持中国-上海合作组织地方经贸合作示范区建设若干措施》中指出，要加强国际技术合作，在新材料、生物医药、人工智能、高端装备制造等领域开展合资合作，建成中国-上海合作组织技术转移中心。加强人才交流，落实"英才集聚计划"，实行创新人才"双落户"制度，给予用人单位引才用才补贴。近年来，上合示范区加强政策创新，拓展国际合作，建设"中国-上海合作组织海洋科学与技术国际创新中心"，聚焦国际合作交流、国际化教育、科研与产业技术研究，面向上海合作组织及"一带一路"国家共建共享海洋科学与技术共同体。与广东-独联体国际科技合作联盟共同搭建上合示范区国际创新和产能合作中心，搭建国际资讯共享服务平台、国际技术转移转化平台、国际创新人才交流引进平台、国际产能合作平台和国际商旅文融合服务平台。但是，上合示范区目前在国际科技合作方面还没有形成系统化的政策，特别是在鼓励"走出去"方面，还未形成有针对性开展牵线搭桥、拓展合作渠道的政策体系；在鼓励各类创新主体搭建合作平台方面的政策等方面仍需加强。因此，如何构建起适合上合示范区的科技创新政策体系尚需深入探讨和研究。

第三节　研究目的

　　按照《中国—上海合作组织地方经贸合作示范区建设总体方案》要求，总结上合组织既有科技合作创新政策特点与经验，聚焦新材料、生物医药等领域技术研发、跨境科技成果转移合作、技术研发中心及孵化载体建设、项目孵化与企业培育等领域的政策需求与存在问题，了解上合示范区重点领域国际科技合作政策需求，结合国内外重点领域科技合作创新政策比较与借鉴，提出上合示范区国际科技合作创新政策体系的总体布局、专项政策与关键政策点建议，为争取上级有关政策支持、出台本地扶持政策、形成多级政策联动支持提供决策参考。以上合示范区科技创新政策引领上合组织国家之间的人才、技术、知识、管理、数据等要素充分流动，支撑青岛打造国家东部沿海重要的创新中心、建设国际化创新型城市，进而推动"一带一路"国际合作新平台的建设。

第一节　上合组织国际科技合作的国家经验研究

一、上合组织科技伙伴计划

（一）国家支持，地方政府出资和项目承担单位自筹相结合

科技部和新疆维吾尔自治区人民政府于2015年9月决定启动"上海合作组织科技伙伴计划"，新疆政府每年安排财政资金1 000万元，为上合组织国家共同面对社会经济发展中的重大科技问题，提供项目、人才、基地支持。坚持需求导向，紧密服务各国科技发展重点；坚持广泛参与，发挥市场机制的作用，同时注重政府引导。

（二）合作形式多样化

"上海合作组织科技伙伴计划"的合作形式包括：开展联合研究和先进技术示范与推广、共建技术转移中心、举办先进适用技术培训、共建数据共享及应用平台、共建国家联合实验室（联合研究中心）、共建农业科技示范园、共建高新技术产业园、实施杰出青年科学家来华工作计划等八大方面。

（三）研究领域广覆盖

紧密结合上合组织国家科技发展规划与重点，"上海合作组织科技伙伴计划"支持的重点领域包括环境和能源、生命科学与健康、农业、信息技术、水资源、材料、空间技术与应用、装备制造、食品、减灾防灾等10个领域。"上海合作组织科技伙伴计划"的启动和发展，将我国新疆与中亚国家的科技合作规模化，将新疆与周边国家的合作提升到新的高度。

（四）指明长期科技合作方向

"上海合作组织科技伙伴计划"，推动上合组织成员国科研工作者和科技界开展全方位、多层次、宽领域交流合作，积极推进丝绸之路经济带核心区科技中心建设，建设农业、信息和跨境电子商务等一批国际科技合作平台，建立国际科技合作基地，务实推动了在数字旅游、畜牧业、林果业、煤化工、晶体材料、地震观测、云计算共享平台等方面的国际科技合作，为上合组织科技创新的长期合作指明了方向。

二、中国-南亚科技伙伴计划

（一）政府主导，社会资源和民间力量齐参与

2015年6月12日，全国政协副主席、科技部部长万钢，云南省委书记李纪恒和巴基斯坦、斯里兰卡、尼泊尔、阿富汗四国科技部部长在昆明共同启动"中国-南亚科技伙伴计划"。"中国-南亚科技伙伴计划"是推进"丝绸之路经济带和21世纪海上丝绸之路"建设科技合作的重要举措，由习近平主席于2014年9月在访问印度期间倡议启动。该计划旨在通过深入开展中国和南亚各国科技与创新合作，共享科技发展经验，增强各国科技能力，助力各国经济增长、社会进步和文化发展，增进地区间的积极合作和相互援助，促进中国和南亚国家在科技领域的融合，共同迎接科技和经济全球化，造福中国和南亚各国人民。在政府主导的基础上，该计划积极调动社会资源和民间力量参与中国和南亚的科技合作，鼓励企业成为参与合作的生力军，在实践中探索新的合作模式，完善合作机制，丰富合作内容。

（二）以市场需求为导向，以提升南亚国家科技能力为目标

在合作原则上，"中国-南亚科技伙伴计划"坚持平等互利，成果共享；围绕南亚各国科技发展的重大需求，集成资源，务实开展全方位合作。坚持需求导向，紧密服务各国科技发展重点；坚持能力建设，努力提升各国科技对经济社会发展的支撑作用；坚持广泛参与，发挥市场机制的作用，同时注重政府引导。在相互尊重的基础上，通过科技合作推进南亚一体化进程，实现中国和南亚各国共享技术成果和科技发展经验，建立中国和南亚的创新合作网络。以提升南亚国家科技能力为目标，帮助提高南亚整体科技发展水平，充分发挥科技创新对经济发展、民生改善和可持续发展的支撑作用。

（三）实行以共建国家联合实验室为主的多种合作形式

在合作形式上，"中国-南亚科技伙伴计划"将支持共建双边国家级联合实验室，以构建研究机构间稳定的合作关系，共同开展高水平联合研发；组织实施南亚国家杰出青年科学家来华工作计划，资助南亚国家优秀人才来华工作半年至一年，帮助各国培养科技人才；组织开展重大技术示范项目，建设技术示范与推广基地，共建农业科技示范园；共同建设中国-南亚技术转移中心，开展技术转移合作；实现科技资源条件的互联互通，向南亚国家开放中国的科技资源、科研仪器共享网络，为南亚国家提供相关服务，共建中国-南亚遥感卫星数据共享及应用平台；建立科技创新政策交流机制，共同组织企业对接、技术示范与培训等，服务各国企业发展。

三、上合组织地学合作研究中心

（一）国家部委批准，依托地方机构

"中国-上海合作组织地学合作研究中心"是经中国外交部、国土资源部批准，依托于中国地质调查局西安地质调查中心于2014年10月成立的开放性研究机构。致力于上合组织国家地学领域的合作交流，为各国矿业经济发展助力，致力成为一个广泛联系国内外有关地学机构的开放合作研究平台。

（二）聚焦地学，针对性较强

中心围绕上海合作组织宗旨，致力于上合组织国家地学领域合作交流、信息共享和人才培养，促进区域内地球科学的发展，推动区域内矿业经济繁荣发展，提高域内人民生活水平和社会福祉。围绕国际地学研究前沿，凝聚国内外地学领域一流科学家，针对中亚、西亚和东欧重大基础地质、资源、能源和环境等科技问题，开展跨境重要成矿带组成、结构、演化，以及资源、环境、灾害效应等调查与研究。深化国际合作、人才培养和信息服务，打造上合组织国际地学合作研究平台，丰富和拓展上合组织合作内涵，为将丝绸之路经济带建设成为经济、利益、命运共同体而努力做出贡献。

（三）确立目标，任务达成

中心确立阶段目标和长远目标，分别是：建成有广泛影响的国内地学研究机构——中国—上海合作组织地学合作研究中心；建成有重要影响的国际研究机构——上海合作组织地学合作研究中心、上合组织成员国地学合作调查研究中心、学术交流中心、信息交流中心、人才培养中心。为实现以上目标，中心设置了八大主要任务：① 推动上合组织国家地学领域的学术和教育机构、团体，开展国际交流合作，扩大交往，巩固和深化睦邻友好关系；② 围绕重大、广泛关注的地质–资源–环境问题，编制合作研究项目规划建议；③ 推动地质调查研究国际合作项目的组织与实施，促进地球科学与矿业经济协同发展；④ 推动地学新理论与技术方法交流，促进地质调查与灾害预警水平共同进步；⑤ 推进各国地学相关政策、法规交流，提高地质矿产管理水平；⑥ 搭建信息共享平台，服务地质找矿、环境保护和灾害防治；⑦ 开展人才联合培养，促进地学领域科技进步和人才成长；⑧ 推动上合组织成员国、观察员国、对话伙伴国的上述交流与合作。

（四）成果实时发布，提高社会服务能力

自2014年10月"中国—上海合作组织地学合作研究中心"正式挂牌以

来，西安地质调查中心在部局统一部署下，在境外地质调查、国际合作交流平台搭建、信息资源数据服务等方面做了许多工作。一方面承担了多个境外合作地质调查项目，同时积极举办各类国际会议。另一方面在数据平台建设上，建立了涵盖中亚-南亚-西亚的地质矿产数据库，数据库资料类型主要包括地质、矿产、地球化学、重砂、遥感等资料；基于webgis技术，开发了中国-上海合作组织地学合作研究中心地学信息发布平台，实现了科研、生产成果的实时网络信息发布，有效提高了社会服务能力。

中心已与吉尔吉斯斯坦、巴基斯坦等11个国家签订了地学合作谅解备忘录和项目合作协议，并在地质背景、对比研究、地质编图、地质化学编图和卫星遥感等多个领域开展了实质性项目合作。

（五）增设分院，扩大发展

2019年9月10—11日，"'一带一路'国际地学合作与矿业投资论坛暨上海合作组织地质青年实践交流营"在西安召开，来自乌兹别克斯坦、安哥拉、埃塞俄比亚、阿根廷、尼日利亚、加纳、柬埔寨等23个国家地矿机构的领导和科研人员共计200余人参加了论坛。论坛期间，举行了"中国-上海合作组织地学合作研究中心武汉学院"（以下简称"上合地学武汉学院"）揭牌仪式。

"上合地学武汉学院"，依托中国地质大学（武汉）的学科、人才、科研和国际化优势，将在地质、资源、水文、环境、工程、公共管理、经济管理等领域开展国际化人才培养、科研合作和国际交流，为上合组织成员国、观察员国开展地球科学国际合作提供人才和智力支持。

"上合地学武汉学院"是在"一带一路"建设有序推进、上合组织合作蓬勃发展的大背景下应运而生的，是行业部门与高校协同创新、契合国家发展大局的一大举措。"上合地学武汉学院"将服务国家发展战略和外交大局，服务"上合组织地学中心"发展急需，依托学校在地学领域的学科优势、科技成果转化和人才培养基础，配合"中国-上合组织地学合作研究中心"打造具有广泛国际影响力的地学合作研究和人才培养培训基地，支撑

"中国-上合组织地学合作研究中心"长期稳定发展。服务学校自身国际化办学的需求，构建新的互联互通、资源共享、优势互补的人才培养和学术交流平台，推动学校国际化办学迈上新台阶，为建设地球科学领域世界一流大学增添新动能。

（六）强化交流，共谋长效发展机制

2021年9月9—10日，2021欧亚经济论坛"一带一路"国际地学合作与矿业投资论坛通过线上线下相结合的方式举办，旨在进一步深化上合组织国家间地学务实合作，提高携手应对全球重大挑战的能力，共促地球科学交流与矿业繁荣，推动世界经济高质量发展。中国地质调查局西安地质调查中心参与主办。

本届论坛以"地学务实合作新起点，矿业投资发展新征程"为主题，包括上合组织国家地质调查局长论坛和"一带一路"国际矿业投资高峰论坛。

在首次举办的上合组织国家地质调查局长论坛上，来自俄罗斯、乌兹别克斯坦、塔吉克斯坦等国地矿管理机构工作人员及驻华使节代表，围绕后疫情时代地球科学与矿业投资领域国际合作、地质矿产科技创新、信息共享、地质灾害预警预报与治理、地学人才联合培养等议题进行了深入交流，并就下一步合作达成共识。一是建立上合组织国家地质调查机构高层定期会商机制，就共同关心的区域及国际重大资源环境及灾害问题，定期开展平等对话交流。二是深化地学领域务实合作，提高地质工作服务国家发展能力和水平，谋求共同发展。三是加强地质矿产科技创新合作，助推形成覆盖矿业全产业链、相关产业联动的绿色发展格局，有效降低生产成本和碳排放。四是加强矿业信息互通共享，为国际矿业投资与贸易合作带来更多便利、创造更多机会、降低更多风险，促进合作共赢。五是共商国际地学计划，推进区域地学发展，服务联合国应对气候变化和2030可持续发展目标。六是加强人文交流与人才培养，促进文明互鉴和社会共同进步。

四、上合组织成员国国际科技合作政策与特点

（一）俄罗斯

俄罗斯军事工业实力雄厚，航空航天技术居世界前列，是联合国安全理事会五大常任理事国之一，也是金砖国家之一。

1. 俄罗斯科技发展特点及优势

俄罗斯拥有先进、完整的核体系，是全球核技术输出的最大国家。俄罗斯拥有全球最先进的航空航天技术、等离子体物理学、射电天文学、引力天文学、强子对撞机等，无论是规模和影响力都是世界领先。

俄罗斯大力推进国家创新体系建设，搭建合作平台，解除科研院所、高校创办企业的束缚，营造有利于企业创新的政策环境，建立加强创新的激励制度。加快创新基础设施建设，建设有斯科尔科沃创新中心（俄罗斯硅谷）、新西伯利亚科技园、莫斯科大学科技园、日古力谷科技园等，涉及信息、航天、生物、核能等领域。俄罗斯持续加大科研投入，科研经费投入呈持续增长趋势，并着力构建科研设备联合利用和大科学装置中心。

俄罗斯将开展国际科技合作视为国家科技政策的一个重要组成部分，国际合作和创新合作是俄对外科技合作的重要方式。俄对外科技政策的发展方向是在基础研究和应用科学方面制订国际合作计划，组建国际科学中心，力图通过国际科技合作发展和变革其自身科学体系，利用互惠互利的国际协作提高俄科学研究的有效性和实现经济价值。

2. 中俄科技合作政策

中俄两国自20世纪90年代以来，在两国总理定期会晤机制框架内，建立了中俄科技合作分委员会，实现了国家间、政府间、地区间以及科研院所间的对口科技合作，形成了多渠道、多层次、全方位的合作格局。

中俄先后签订了《中华人民共和国政府和俄罗斯联邦政府科学技术合作协定》《中俄政府科技合作协定框架内知识产权保护和权利分配协定书》《关于在创新领域合作的谅解备忘录》《中华人民共和国科学技术部

与俄罗斯纳米技术公司关于深化创新合作的谅解备忘录》，就双方建立联合创新直接投资基金、共同推动科技研发项目实施，加强在技术转移、人才交流、孵化器、科技园区、知识产权保护等领域合作，为两国积极开展科技合作奠定基础。

3. 中俄科技合作主要方式及领域

一是成立联合科研机构。两国成立了多个联合科研机构，如中俄空间天气联合研究中心、中俄智能信息处理联合实验室、中俄氟化工联合实验室、中俄天体物理联合实验室、中俄合作研发中心、中俄联合实验室、中俄自蔓延高温合成（SHS）技术联合研究中心、中俄海洋技术联合研究所、中俄高科技联合实验室、中俄海洋科技创新中心，开展多领域、多专业、多方向科技合作，培育一批新型研发机构，引导落地更多科技成果，推动国家间、地区间建立深度合作、科技双向融通。

二是建立科技园区及合作基地。近年来两国陆续共建、互建了多个中俄科技园及合作基地。1998年在烟台建立中俄高新技术产业化合作示范基地。2001年建立浙江巨化中俄科技合作园和黑龙江中俄科技合作及产业化中心。2002年建立洛阳中俄科技工业园。2003年在莫斯科建立了我国在国外的第一家科技园——中俄友谊科技园。2014年在西咸新区和俄罗斯斯科尔科沃创新中心各建一个高科技产业园区。这些基地和园区为中俄两国的科技创新合作提供了咨询服务和产业化平台，起到了科技成果孵化的作用，为两国培养科技创新人才创造了良好的条件。

三是两国高等院校、科研院所间的合作与交流频繁。我国已有近百所高等院校和科研院所与俄罗斯有关高校院所建立了合作关系，合作领域不断扩大，合作形式也在不断创新，已由传统的学术交流、人员交流、参观考察等转向建立联合实验室、开展技术转移、搭建基地与平台、开展国际产学研合作、联合办学等多种形式。

（二）塔吉克斯坦

塔吉克斯坦主要出口商品有矿产、纺织原料等产品，主要进口商品有交通工具、机械设备，主要贸易伙伴依次为俄罗斯、哈萨克斯坦和中国。

1. 塔吉克斯坦科技发展特点及优势

塔吉克斯坦依托其国家科研中心的科学院、农业科学院、教育学研究院以及其他几十个不同领域的科研机构和高等院校进行自然、技术、医学、农业、人文以及社会科学领域的科研活动。科技工作重点是在科学预测基础上制定国家发展战略，保证科技和工业一体化，根据本国特点和全球化趋势确定科技发展优先领域。在国家投入十分有限的情况下，注重提高科研效益。

塔吉克斯坦科技发展面临的主要问题是科技人才老龄化突出，生物技术、环保生态、植物资源、计算机等方面的人才匮缺，培养年轻科技工作者的任务十分艰巨和迫切。

2. 中塔科技合作政策

中塔两国签署了《中塔合作规划纲要》《中华人民共和国政府和塔吉克斯坦共和国政府科学技术合作协定》《中华人民共和国科学技术部与塔吉克斯坦共和国科学院关于成立中塔科技合作委员会的谅解备忘录》《中塔两国农业合作谅解备忘录》等科技合作文件，进一步密切科技领域人文交流，继续深化两国地区级科技合作发展，推动务实项目合作，扩大和深化安全、基础设施建设、投资、经贸、能源、农业、金融、人文、生态等领域合作。

3. 中塔科技合作主要方式及领域

一是深化两国地区级科技合作。塔方主要与我国的甘肃、新疆等地开展农业科技合作。甘肃省在科技部的谋划下积极与塔方开展科技创新合作，在塔成功举办"甘肃先进适用技术成果展"，与塔科学院签署合作协议，重点在食品检测技术领域开展合作。新疆分批向塔援助了农用大马力拖拉机等现代农业机械，举办了两期"中国新疆-塔吉克斯坦农业部"农业技术人员培训班，新疆农科院连续选派科技人员赴塔吉克斯坦进行考察访问、合作研究，建立了较稳固的合作关系和渠道。

二是建立联合实验室。中塔两国先后建立中塔煤电能源清洁转化及高效综合利用联合实验室、中科院中亚生态与环境研究中心塔吉克斯坦分中心、中国（甘肃）–塔吉克斯坦食品检测与研发联合实验室，在联合研究、人才培育、技术转移等方面开展更多的科技合作与交流。

（三）吉尔吉斯斯坦

吉尔吉斯斯坦经济以农牧业为主，水力资源丰富，煤、汞、锑矿储藏较丰富，工业基础薄弱且结构不合理。

1. 吉尔吉斯斯坦科技发展特点及优势

吉尔吉斯斯坦颁布一系列科技法律法规，如《科学和科技政策法》《高新技术创新法》《国家科学和知识产权署工作条例》《进一步推动吉尔吉斯科技创新技术发展的若干措施》，旨在更好地落实有关科技创新政策，促进科技成果产业化。吉科学院改组为吉尔吉斯斯坦国家科学院，创办吉国家科学院南方分院，是最高学术机构，承担了国家的主要科研工作，取得2项具有世界意义的科学发明：月球宇航试验用装置，帮助宇航员适应太空环境的药剂。根据吉尔吉斯斯坦国家可持续发展战略及规划，吉科技发展重点是：水资源和能源资源，可再生能源；新技术和材料（生物技术、纳米技术）；信息技术，数学模拟与控制；设备机器制造；地球科学及自然资源开发；再生生物资源和生物安全；生态、人类生态与气候变化问题；全球化问题。

2. 中吉科技合作政策

中国与吉尔吉斯斯坦共同遵守签署的《中华人民共和国和吉尔吉斯共和国睦邻友好合作条约》《中华人民共和国和吉尔吉斯共和国关于建立战略伙伴关系的联合宣言》《中华人民共和国和吉尔吉斯共和国关于进一步深化战略伙伴关系的联合宣言》《中华人民共和国和吉尔吉斯共和国关于建立全面战略伙伴关系联合声明》等多份双边合作文件，涉及道路基建、光纤通信线路、能源、采矿、发展信息技术基础设施、数字技术等多个领域，为加强双边合作奠定了坚实的法律基础，推动双方合作提升到新的更高水平。

3. 中吉科技合作主要方式及领域

主要合作方式有：一是通过"上海合作组织科技伙伴计划"，与中国新疆的科研机构共同申报科技计划项目，签订意向性合作协议；二是开展科技人员的交流与合作，共同培养双方的科技合作人才；三是在吉建立"中国-中亚科技合作研究基地"，为吉产业发展和科技合作交流起示范作用。

科技合作领域主要集中在动植物育种、农产品加工、农业机械、节水灌溉、生态修复等农业领域。

（四）哈萨克斯坦

哈萨克斯坦油气、煤炭、铁矿等资源丰富，经济以采矿、煤炭加工、油气开发和农牧业为主。

1. 哈萨克斯坦科技发展特点及优势

哈萨克斯坦重视通过国际科技合作提高本国科技水平。随着国际政治、经贸、科技和文化交流增多，区域发展及双边领域交流合作不断深入，哈萨克斯坦的国际科技合作模式呈现出多层次、多渠道、多形式、多方位的局面。

哈萨克斯坦通过贸易、外资获得先进技术，其理念是"创新型进口"，主要目标是换取高技术，进口的产品均为本国无法生产或不具备竞争力的高技术产品。在引入外资时，采取"以能源换新技术"的策略，要求外资必须使用最新、最先进、生态和无公害的开采和加工技术，将国外的高技术实现技术转化。

2. 中哈科技合作政策

中国与哈萨克斯坦共同遵守签署的《中华人民共和国和哈萨克斯坦共和国睦邻友好合作条约》《中华人民共和国和哈萨克斯坦共和国关于发展全面战略伙伴关系的联合声明》《中华人民共和国和哈萨克斯坦共和国关于进一步深化全面战略伙伴关系的联合宣言》《中华人民共和国和哈萨克斯坦共和国关于全面战略伙伴关系新阶段的联合宣言》《中华人民共和国

和哈萨克斯坦共和国联合声明》《中哈关于全面战略合作伙伴关系新阶段联合声明》等多份双边合作文件，进一步发展哈中两国在工业化、投资、创新、数字化、农业和能源领域的合作。

3. 中哈科技合作主要方式及领域

一是中哈两国加强部门间、地区级的合作，加强重点项目合作，支持先进科研成果应用，支持两国科研机构建立多种形式的科技合作关系、开展联合研发、共同实现科研成果产业化，重点科研机构在优先领域建立联合实验室、联合研发中心。

二是加强科技人文交流，尤其是加强青年科学家之间的交流与合作。中方的"国际杰青计划"接纳哈方青年科学家短期科研工作，哈方科研机构参加中方主办的先进适用技术培训班，推动双方在先进适用技术方面的交流与合作。

（五）乌兹别克斯坦

乌兹别克斯坦自然资源丰富，是世界第六大棉花生产国和第二大棉花出口国，世界第七大黄金生产国，但经济结构单一，工业较为落后。

1. 乌兹别克斯坦科技发展特点及优势

乌兹别克斯坦科技基础较为完备的领域当属航空、天文、冶金、农业等领域。在国家科技发展战略中，能源、资源节约型技术、可再生能源、信息通信、农业、生物技术、生态、环境保护、医学、制药、化学、纳米技术、地球科学等被列为科技发展优先领域。重点发展的行业是棉花加工、采矿、食品工业、石油加工、农业机械制造以及汽车制造等。

乌兹别克斯坦将科技创新作为经济改革的一部分，致力于推进基础行业的技术、工艺设备更新，机械制造、机床制造等工业领域的科技创新水平得到了提高。

乌兹别克斯坦十分重视国际科技合作，以国家为主导，通过国际科技合作，引进国外先进技术，共享科技创新成果，在创新优先方向实施重点项目，弥补本国科技资源不足问题，促进本国科技创新发展，提升经济社会发展水平。

2. 中乌科技合作政策

中乌共同签署《中华人民共和国政府和乌兹别克斯坦共和国政府科学技术合作协定》《中华人民共和国和乌兹别克斯坦共和国关于进一步深化全面战略伙伴关系的联合声明》等多份双边合作文件，在国际科技合作方面有稳定的工作机制，中乌政府间合作委员会科技合作分委会定期召开会议，促进了两国科研院所、高校、学者和专家建立直接联系、开展联合研发、共建联合实验室，进一步扩大在生物医药、农机推广、清洁能源应用和节水灌溉技术、农业种植技术、畜牧兽医等领域的合作。

3. 中乌科技合作主要方式及领域

一是建有稳定的科技合作工作机制。中乌两国建有政府间合作委员会科技合作分委会，定期召开会议商讨两国科技合作现状与前景，尤其是建立联合研究中心及联合实验室、共同选拔和资助中乌联合研发项目等议题，进一步扩大在生物医药、天文、考古等重点领域的科技合作。

二是在医药、通信、农业、考古等领域积极开展合作，就科学研究、产品开发和人才培养等方面开展了富有成效的合作。

三是科技合作与经贸合作同步进行，中乌双方合作完成了一批较大的经济技术合作项目，涉及能源、化工、电力、农业、铁路、电站设备及工程承包等领域。

（六）巴基斯坦

巴基斯坦煤炭资源丰富，纺织业是支柱产业。

1. 巴基斯坦科技发展特点及优势

巴基斯坦科技优势主要集中在核物理科学、国防科技、化学、太空探索和农业方面。巴基斯坦的核物理技术和爆炸工程技术较为发达。巴基斯坦的农业科研机构培育出了高产、耐盐碱的水稻新品种、抗病杂交土豆、不含胆固醇的高品质油菜籽等。在畜牧业方面，巴基斯坦培育出了优质奶牛品种——尼里-拉菲水牛，其单头的产奶量居世界之冠。国家生物技术与基因工程研究所在世界上首次合成了抗棉花卷叶病病毒的人工基因；国家农业研究中心等机构先后成功利用胚胎移植培育良种水牛。

2. 中巴科技合作政策

中国与巴基斯坦已建立起全天候和全方位的战略合作关系。1976年，中巴双方签署了《科技合作协定》，双方实现了多个科技项目的合作，涉及内容包括专业交流、人员培训、联合研发等，取得了丰硕成果。我国科技部、国土资源部、国家海洋局、农业科学院与巴基斯坦科技部、石油与自然资源部签署了合作协议书和谅解备忘录，涉及海洋、可再生能源、农业等领域。

2015年，两国科技部签署《中巴棉花生物技术联合实验室合作谅解备忘录》，国家海洋局与巴基斯坦科技部签署《中巴联合海洋科学研究中心议定书》，标志着两国科技合作迈上新台阶。2017年，两国科技部部长共同签署了《巴基斯坦与中国科技合作联合委员会第18届会议议定书（2017—2021）》《中华人民共和国科学技术部与巴基斯坦伊斯兰共和国科学技术部联合研究计划谅解备忘录》等一系列重要文件。信息通信、网络安全、物联网、人工智能等、机器人、先进材料和纳米科学、可再生能源技术、冷藏技术、耐热基因和杂交种子技术、旱地农业和水资源、草药等领域被中巴科技联合委员会定为优先合作的项目方向。在中巴科技部门共同签署的多个科技合作协议框架下，两国围绕中巴经济走廊的基础研究、可再生能源及纳米材料三大联合研发中心，将大数据、物联网、生物技术、人工智能和海洋科技领域列为优先发展方向。

3. 中巴科技合作主要方式及领域

一是在海洋研究方面建立中巴联合海洋研究中心，巴国学生接受中国政府海洋奖学金资助来华攻读博士学位，为提升巴方海洋能力建设提供了人才支撑。中巴开展联合航次，深化海洋科技合作研究。由中国科学院南海海洋研究所和巴基斯坦国家海洋研究所联合开展的印度洋联合考察航次启动，是中巴首次联合考察航次。

二是通过政府间科技合作联委会机制，支持科学家互访交流和联合研究项目。在中国-南亚科技伙伴计划框架下，支持两国院所和企业开展了共建联合实验室、技术转移和示范、科技人员交流等务实合作。

三是中巴高校院所的科研合作。巴基斯坦国家科技大学与清华大学、西南交通大学、长安大学、北京工商大学等多所中国名校建立了科研合作关系。2016年，北京工商大学正式成立"巴基斯坦科技与经济研究中心"，该中心已成为中巴科技与经济研究的交流平台与智库。中国科学院与巴高等教育委员会签署了关于共建中国-巴基斯坦地球科学研究中心的合作协议，将在防灾减灾、资源环境保护与可持续发展领域开展科技合作。

四是中巴加强航天领域合作。开展设计、研制和制造各种卫星，以及卫星的发射、卫星搭载和测控服务等，加强空间技术的应用。

五是中巴在杂交水稻、棉花、小麦、油料作物种子等领域的合作。在"一带一路"倡议引领下，中国与巴基斯坦在杂交小麦领域的研究与合作不断推进。从2010年开始，在巴基斯坦的拉合尔、白沙瓦等地建立了杂交小麦试验基地，进行适宜巴基斯坦应用的杂交小麦新品种创制；同时，北京市农林科学院还专门建设了云南元谋杂交小麦试验基地，与巴基斯坦方面进行同步试验工作。

中巴两国科技合作主要领域有海洋科技、网络安全、物联网、人工智能、机器人、先进材料和纳米科学、可再生能源技术、冷藏技术、耐热基因和杂交种子技术、旱地农业和水资源、草药等。

（七）印度

印度资源丰富，汽车、电子产品制造、航空和空间等新兴工业发展迅速，是全球软件、金融等服务业重要出口国，是金砖国家之一。

1. 印度科技发展特点及优势

近10年来印度经济增速较快，一直保持在7%上下，自莫迪政府上台以来，印度对科技创新推动国家发展的作用愈加重视，提出了"印度制造""智慧城市""创业印度"等国家战略，科技发展颇具亮点。印度在信息、生物、空间、核能等领域的部分技术达到了世界领先水平，如信息通信领域的计算机编程、移动计算、云计算、大数据和软件服务；生物技术领域的转基因农作物培育和种植，仿制药、活性药物成分（API）和疫苗的研发与生产；空间技术领域的月球、火星探测器，空间天文望远镜，30米望远镜，自主导航卫星，PSLV运载火箭；核技术领域的钍提取，铀-233燃料、铀-钍混合碳化物燃料的使用，钍燃料循环，自主设计500 MW原型快中子增殖反应堆（PFBR）等。

2. 中印科技合作政策

中印两国在20世纪50年代建交初期开始科技交流活动。1988年时任印度总理拉·甘地访华，双方正式签定中印政府间科技合作协议，之后先后召开了6次科技合作联委会，确定了多批科技合作项目。2006年9月，中印两国科技部在北京签署《科技合作谅解备忘录》，成立部长级中印科技合作指导委员会，进一步协调解决双边合作中的战略性问题，指导和促进两国科技合作的发展。2013年李克强总理访印发表的《中印联合声明》，以及2015年莫迪总理访华时发表的《中印联合声明》，都将科技合作与交流列为双边合作的重要内容。中印两国政府间（包括部门和地方）签署的科技领域合作协议或备忘录有20多个，中国科学院、中国农业科学院、自然科学基金会以及一些省、自治区、直辖市都与印度建立了科技合作渠道。中印科技合作已经涉及物理、农业、生物技术、化工、医学、信息通信、新材料、环境、能源等许多领域，具有相当的广度和深度。

3. 中印科技合作主要方式及领域

当前，中印科技合作呈现出金字塔形态，最宽广厚实的底座部分是企业行为和市场需求，两国的技术企业都瞄准对方国家的市场和商机，积极开拓进取，开设办事处、研发中心等，各项合作如火如荼。而居于中部和顶部的大都是官方的研究机构，合作愿望尚不强烈，政府间科技合作领域狭窄、进展缓慢。

（八）小结

在政策层面上，上合国家间普遍签订政府间科技合作政策文件、高层会晤交流机制、政府间科技合作联委会机制，是各方合作的前提和框架。

在科技合作方式上，上合国家间科技合作采取多种形式，极大地促进了各国间科技合作的深度、广度，加强了各类科技人才的培养，加快了国家间创新要素的流动，主要合作方式有以下方面。

一是成立联合科研机构和联合实验室。我国与上合国家间成立多个联合科研机构，如建立中科院中亚生态与环境研究中心塔吉克斯坦分中心、中国（甘肃）-塔吉克斯坦食品检测与研发联合实验室，有针对性地进行科技项目的联合研究与开发。

二是建立科技园区及合作基地。我国与上合国家陆续共建、互建了多个科技园区及合作基地，为国家间的科技创新合作提供了咨询服务，起到了科技成果孵化、培养科技创新人才的作用。

三是高等院校及科研院所间的合作与交流。如我国已有近百所高等院校和科研院所与俄罗斯有关高校和院所建立了合作关系，合作领域不断扩大，合作形式也在不断创新。

四是深化国家间地区级科技合作。目前主要为甘肃、新疆、黑龙江等地与塔吉克斯坦、俄罗斯开展地区间农业、科技方面的合作交流。

五是加强科技人员交流互动。通过国家间的院校合作、"国际杰青计划"等，加强上合国家间的人才交流和培养。

在科技合作领域，涉及航空航天、物理、信息技术、海洋、能源、生态修复、医药、通信、农业、考古、化工、电力、铁路、电站等领域。

第二节 上合组织国际科技合作地方经验研究

一、上合组织国际科技合作的上海经验

上海全面开展多层次、多渠道、多领域国际科技交流与合作，突出科技创新中心国际资源禀赋和特色优势，推动长三角科技创新共同体建设，构建高水平的全球创新网络。

（一）深入实施"一带一路"科技创新合作专项行动

2017年10月，上海发布《上海服务国家"一带一路"建设发挥桥头堡作用行动方案》，方案共8个部分，六大专项行动，其中第4项是科技创新合作专项行动，共提出了6项举措，主要围绕全面对接国家"一带一路"科技创新行动计划，加强与科技创新中心联动，利用优势科技资源，依托功能性平台和项目，促进科技联合攻关和成果转化。

（二）扩大"一带一路"沿线科技交流合作区域

近年来，上海与以色列、匈牙利、立陶宛、克罗地亚、白俄罗斯、越南、柬埔寨等"一带一路"沿线国家签订科技合作备忘录。全面加强上海与以色列的创新合作，促进上海市层面与以色列科技部签署科技合作备忘录。推动中以（上海）创新园建设，以桃浦智创城为核心承载区，联动全市中以创新合作资源，集聚以以色列为主的高端创新创业资源，重点聚焦通信技术、人工智能、生物医药、集成电路等高端领域，展开"双向"技术合作与交流，力争建设成为中以创新全面伙伴关系的推动者和示范区。同时，积极发挥上海科技创新局部领域领先的优势，落实与多国的合作框架内容，促进与白俄罗斯、立陶宛等国政府、高校、科研院所以及企业合

作，拓展双方科技合作网络。

（三）深化"一带一路"人文交流

完善"一带一路"青年科学家交流项目方案，2017—2018年，青年科学家项目共支持90名外籍青年科学家来沪工作；上海科技馆与乌兹别克斯坦塔什干市合作，"青出于蓝——青花瓷的起源、发展与交流"特展走入塔什干市。2018年9月，首届"一带一路"科技创新联盟峰会在上海召开，并形成"一带一路"科技创新《上海宣言》。11月，上海举办2018第二届"一带一路"科技创新国际论坛，来自泰国、塞尔维亚、波兰、俄罗斯等十余个沿线国家的嘉宾参加论坛和举办合作签约活动；举办2018"一带一路"科技创新联盟峰会"上海-中亚科技创新研讨会"，进一步扩大与中亚地区在能源、农业和科技金融等领域的深入合作。2019年，上海举办第14次全球研究基础设施高官会、平方千米阵列射电望远镜（SKA）上海大会暨第六届SKA工程大会。发挥浦江创新论坛、世界顶级科学家论坛等国际交流平台功能，提升上海国际科技创新中心的全球影响力、号召力和吸引力。

（四）推动"一带一路"创新创业国际合作

推进"一带一路"国际联合实验室建设项目，强化上海科研机构与沿线国家和地区开展联合研究、科技人才交流与培养、联合研究机制探索等，2017—2018年共支持10个"一带一路"联合实验室，均取得较好效果。2020年发布"科技创新行动计划""一带一路"国际合作项目，分为3个专题："一带一路"青年科学家交流、"一带一路"国际联合实验室建设、"一带一路"技术转移服务领域合作。政府间国际合作项目加大对重点领域和重点国家的支持。港澳台合作项目体现与港澳台地区科技创新合作的优势与特色。围绕培育大科学计划（工程）、依托大科学设施开展高水平国际合作，设立国际科技合作伙伴项目。企业间国际合作项目突出企业主体地位。"一带一路"科技合作项目加强项目间联动。上海交通大学弗劳恩霍夫协会智能制造项目中心是德国弗劳恩霍夫协会正式批准的中国第1个项目中心。新加坡全球创新联盟落地上海，意大利初创企业跨境加速营项目在中国的首发合作点设于上海。

（五）探索"一带一路"技术转移转化国际合作

开展国际技术转移、企业孵化、园区建设等合作，首设"一带一路"技术转移服务领域合作项目。布局中英、中美、中以等国际技术转移渠道，拓展"一带一路"沿线国家技术转移中心。

（六）鼓励支持外资研发中心融入科技创新中心建设

上海外资研发中心加快集聚，能级持续提升，已成为科技创新中心的主力军。《上海外商投资条件》鼓励外国投资者在上海设立研发中心，并升级为全球研发中心。《上海市鼓励设立和发展外资研发中心的规定》鼓励外资研发中心的设立和发展。外资研发中心为上海聚集了大量的创新资本、创新人才，截至2022年年底，上海跨国公司地区总部累计891家，外资研发中心累计531家。

二、上合组织国际科技合作的深圳经验

深圳充分发挥经济特区作为对外开放窗口、桥头堡的优势，努力在全球范围集聚配置创新资源，在更高层次上参与全球科技合作竞争。

（一）推进深港科技创新合作区建设

2020年8月，出台《深圳市人民政府关于支持深港科技创新合作区深圳园区建设国际开放创新中心的若干意见》，明确深圳园区要坚持制度创新和科技创新双轮驱动发展，对标中国香港及国际上最有利于科技创新的体制机制，全方位探索构建有利于科技创新的政策环境，包括探索促进人员、物资等要素资源高效便利流动，打造国际化营商环境，对接国际科研规则，建设5G通信、人工智能、生物医药等新兴产业标准规则示范区。正聚焦量子科技、生物医药、集成电路、人工智能、新能源、工业软件等前沿领域，截至2022年年底，已落地高端科研和产业化项目150余个。

（二）设立国际科技交流合作项目

为扩大对外科技交流与合作力度，提升深圳市科技创新国际化水平，2019年出台了《深圳市国际科技交流合作项目资助管理办法》，对国际科技交流合作项目进行资助，包括政府间合作项目、自主合作项目、活动交流项目和人员交流项目等。其中，自主合作项目是指以产学研为导向，由深圳高等院校、科研机构和企业主动组织设计开展，通过设立联合实验室、合作研发等实质性举措，与国（境）外科研机构、大学、企业开展合作。在资助强度方面，自主合作项目资助金额不超过中方研发投入资金的50%，最高资助100万元。2023年深圳市资助国际科技自主合作项目89个，资助金额共4 425万元。

（三）持续推进海外创新中心建设

2017年5月1日，深圳市政府印发《加快深圳国际科技产业创新中心建设总体方案和十大行动计划建设实施方案》（深府〔2017〕47号），其中的《深圳市十大海外创新中心建设实施方案》，确定了海外创新中心建设的基本原则，即"市场主导与政府引导相结合、统筹指导和特色发展并重、海外创新中心与深圳本地创新基地深度融合发展、服务和支撑实体经济发展"，同时明确采取事后资助方式对海外创新中心予以经费支持。海外创新中心构建了"源头技术-孵化加速-二次开发-项目投资-产业资源-市场对接-政府支持"的国际科技创新合作生态圈。

（四）携手相关国家共建"一带一路"创新之路

联合科技发达的"一带一路"相关国家开展基础研究和应用基础研究，推动金砖国家未来网络研究院中国分院、"一带一路"环境技术交流与转移中心（深圳）等项目创新发展，推进国内国际工业互联网、人工智能、绿色环保技术等交流合作，携手共建"绿色丝绸之路"。携手相关国家推动大数据、云计算、智慧城市建设发展，深化数字经济、人工智能等前沿领域国际合作，共促"数字丝绸之路"建设。2019年以来，深圳不断深化与新加坡智慧城市合作，推动实施电子贸易、电子支付、跨境数据互通等合作项目，共同打造世界一流智慧城市合作样板。深圳参加2019年联合国工业发展组织第4届"一带一路"城市大会，以"数字经济引领城市发展"为主题，向世界展示深圳数字经济发展的丰硕成果。

三、上合组织国际科技合作的苏州经验

苏州既具有以中国—新加坡苏州工业园为首的区域开发优势，又拥有5个中国百强县的强大经济活力与雄厚的创新型企业集群。苏州正在建设具有国际竞争力的先进制造业基地、具有全球影响力的产业科技创新高地。

（一）国家级开发区整体引进管理

中国—新加坡苏州工业园区创立于1994年，是中国和新加坡两国政府的合作项目，开创了中外经济技术互利合作的新形式。它是中国和新加坡两国政府签署协议兴办的国际合作项目，园区的行政管理由中方全权负责，整体开发由中新合资的开发公司负责，对外招商引资由中新共同负责。国务院同意在苏州工业园区自主地、有选择地借鉴新加坡经济发展和公共管理方面的经验。工业园区高位谋划、整体布局，逐年加大科技投入，全面推动科技创新，为苏州经济的可持续发展提供了新的机遇，城市国际知名度与竞争力显著提升。

（二）推动国际研发机构发展

苏州本地高校资源稀缺，加快建设各级各类科技载体和研发机构，提升技术创新能力，是苏州与全球创新科技资源对接的重要战略手段。出台政策推动国际研发机构发展，2021年1月，苏州印发《关于支持苏州市国际研发机构发展的暂行办法》，聚焦苏州先导产业和战略性新兴产业发展需求，重点支持建设一批开放程度高、整合资源多、研发能力强的国际研发机构，以国际研发机构建设为抓手，积极融入全球科技创新网络。国际研发机构主要包括独立建设、合作共建、境外设立3种类型，对符合条件的国际研发机构给予经费支持。此外，《关于支持苏州市国际研发机构发展的暂行办法》还从重大项目研发、海外人才引进、研发资源开放共享、科技

成果转化和国际交流活动等方面给予多元化支持，明确研发、成果转化、开放合作导向。

（三）创新构建外国人才集聚高地

苏州市外专引智工作突出高精尖缺导向，围绕促进科技创新发展的核心目标，持续创新人才政策体系和服务举措，推动外国高端人才集聚。提高引进外国高端人才政策宽容度，为外国高端人才提供"绿色通道""告知+承诺"等便利化方式办理来华工作许可。2020年出台了《关于打造"苏州最舒心"外国人才创新创业环境的若干举措》，不断完善外国人才来苏工作许可年龄规定、学历规定、时间规定，放宽优秀外国青年人才来苏工作许可条件，建立科技项目推荐制度，构建用人单位诚信机制，推进实施外国人才计点积分办理政策，试点设立外国高端人才来华工作许可"一窗式受理窗口"。2019年，出台了《关于支持外籍人才参与科技创新的若干举措》《苏州市外籍院士工作站、外国专家工作室管理办法（试行）》等创新政策，明确了一系列推动外国人才集聚、参与科技创新的政策措施。2020年，首次启用外国人才参与市级以上科技计划项目专家评审；首次实施"苏州市外籍院士工作站"项目，共有5名外籍院士（团队）获命名，同时下达建设资助；完成第3批"苏州市外国专家工作室"命名工作，共有57名外国专家（团队）获命名；首次启动外国专家工作室绩效评估工作，最终给予19家外国专家工作室绩效评估研发补助。

（四）打造"一带一路"昆山国际先进技术研究院

"一带一路"昆山国际先进技术研究院是2019年9月在昆山高新区与乌克兰国家科学院、白俄罗斯国家科学院合作框架基础上，以"科创平台+公司"两级建设机制设立的科研服务机构，目的是吸引"一带一路"更多具有引领性、原创性、标志性的技术成果在昆山转移转化，落地生根，不断集聚人才科创的"最强大脑"，为科创之城引入"源头活水"。已启动昆山"一带一路"科技产业园建设，共建白俄罗斯国家科学院（昆山）创新中心、乌克兰国家科学院（昆山）创新中心等创新载体。2021年4月，"人才与科创（白俄罗斯）联络中心"和"人才与科创（乌克兰）联络中心"揭牌启用。在乌克兰和白俄罗斯两国科学院设立联络中心，进一步拓宽昆山"一带一路"人才科创对接网络，未来还将承担昆山科技和产业发展双向对接、项目和人才离岸孵化等服务功能，为昆山引进高端人才和先进技术成果，促进产业转型升级。截至2023年7月，已累计推介"一带一路"沿线国家科技成果600余项，共建企业国际联合实验室10个，实施重大技术攻关项目26项，总金额超了3 000万元。

第三节　上合组织国际科技合作国内典型案例

一、丝绸之路经济带创新驱动发展试验区

丝绸之路，这条横贯欧亚、绵延万里的伟大商路，缔造了人类历史上经贸文化交流的奇迹。2013年9月，习近平主席在出访中亚国家期间，首次提出共建"丝绸之路经济带"；同年10月，习近平主席又提出共同建设21世纪"海上丝绸之路"；二者共同构成了"一带一路"倡议。"丝绸之路经济带"的提出，让具备了特殊区位优势、资源优势、政策优势和后发优势的新疆成为重要战略枢纽。

2015年8月，新疆维吾尔自治区党委联合科技部、深圳市和中科院，开创性地启动了"丝绸之路经济带创新驱动发展试验区"建设工作，并于2016年10月正式签署《四方合作备忘录》，成立了以自治区党委书记陈全国、科技部党组书记王志刚为双组长，自治区政府及科技部、深圳市和中科院等部门主要领导任副组长的新疆创新试验区建设领导小组。四方主要领导同志亲自指导、亲自督办试验区建设工作，采取多种方式向国务院有

关领导汇报试验区工作，与国家发改委、财政部等有关部委积极对接协调试验区建设重大事项，这一全国首创的"四方合作机制"为顺利推进试验区建设提供了有力保障，是推动区域协同创新的重要实践，得到了国家有关部委的高度认可。

2017年2月，自治区党委审议并原则通过《丝绸之路经济带创新驱动发展试验区建设方案》；7月，形成了《丝绸之路经济带创新驱动发展试验区总体实施方案（2016—2020）》；11月，科技部联合国家发改委出台了《关于支持新疆开展丝绸之路经济带核心区创新驱动发展试验的函》；12月，自治区人民政府正式发布《关于推进丝绸之路经济带创新驱动发展试验区建设若干政策意见》（即"新疆十八条"）和《实行以增加知识价值为导向分配政策的实施意见》（即"新疆十一条"，为"新疆十八条"的配套政策），提出在试验区范围内对科技成果完成人（团队）的奖励比例不低于科技成果转化所得净收入的80%以上，先期由自治区财政出资1亿元引导资金组建试验区创新发展基金，按照不超过1∶2的额度对科技创新券给予配套支持等新疆首创政策。2018年8月，由自治区推进丝绸之路经济带核心区建设工作领导小组组织编印的全国第一份地方版"一带一路"建设发展报告——《丝绸之路经济带核心区建设发展报告》正式对外发布，从政策沟通、设施联通、经贸合作、人文交流、资金融通、体制机制6个方面总结了新疆参与"一带一路"建设取得的新进展、新成效。

新疆丝绸之路经济带创新驱动发展试验区以"一区多园"为载体，优先建设"五地七园"，即乌鲁木齐市、昌吉回族自治州、石河子市、克拉玛依市、哈密市及其所辖的乌鲁木齐高新区（新市区）、乌鲁木齐经济技术开发区（头屯河区）、昌吉高新区、昌吉国家农业科技园区、石河子高新区、克拉玛依高新区和哈密高新区。试验区以科技创新为核心，重点规划实施"产业转型升级""创新平台建设""创新型企业培育""科技成果转移转化""创新创业人才""科技创新金融体系建设""国际创新中心建设""创新型政府全面改革"八大专项行动，根据新疆创新发展基础和特殊条件，在人才、税收、科技金融、企业等方面向国家有关部委提出了授权差异化建议，争取先行先试创新政策。在上位政策的引领下，2016年以来，"五地七园"先后出台120余条政策，试验区创新创业政策框架基本形成，政策叠加效应日益显现，创新政策环境进一步优化。

通过"丝绸之路经济带创新驱动发展试验区"建设，新疆已然成为"一带一路"战略的重要节点、中亚科技合作的支撑点、创新发展的新高地，发挥着核心引领和示范带动作用，其在积极对接国家部委、争取授权先行先试差异化支持措施、部署开展一揽子系统性改革创新、打通核心区不同功能区域的联通协作等方面，值得学习和借鉴。

二、乌昌石国家自主创新示范区

2017年10月，科技部、新疆维吾尔自治区、新疆生产建设兵团会同有关部委研究决定，在丝绸之路经济带创新驱动发展试验区的建设基础上，依托乌鲁木齐、昌吉、石河子3个国家级高新技术产业开发区，启动乌昌石国家自主创新示范区建设申报工作。2018年11月，国务院批复同意建设乌昌石国家自主创新示范区。2019年3月，自治区人民政府成立推进乌昌石国家自主创新示范区建设领导小组，要求乌鲁木齐、昌吉、石河子高新技术产业开发区所在地人民政府结合实际，分别成立工作领导小组，制定支持本地高新区建设国家自创区的实施意见和相关政策，为自创区高质量发展提供政策支持。

2019年6月，自治区人民政府出台《关于建设乌昌石国家自主创新示范区的若干意见》，支持自创区采取"一区多园"的空间布局方式，先期将乌鲁木齐经开区、昌吉农业科技园区、克拉玛依高新区、哈密高新区、喀什经济开发区、霍尔果斯经济开发区、阿拉尔经济技术开发区等列入国家自创区的辐射带动区范围，支持乌昌石3个国家级高新技术产业开发区采取联盟协作、托管合作等多种方式对辐射带动区开展创新合作；建立乌昌石三地统筹协同推进机制，形成自治区统筹、地州市建设、区域协同、兵地融合、部门协作的运作机制和工作规范，支持自创区试点发展产业科技援疆"飞地经济"模式；提出加快特色优势产业创新升级、培育创新产业集群、组建跨园区多行业联合的产业集群联盟，形成一批产业链完备、技术水平领先的千亿级或百亿级规模的产业集群。2019年年底，自治区科技厅编制完成《乌昌石国家自主创新示范区发展规划纲要（2019—2025）》，全面引领自创区建设。

乌鲁木齐、昌吉和石河子三地位于天山北坡经济带，是新疆全区最重要的经济走廊和人才、产业、资金集聚地。国务院批准建设后，乌昌石国家自主创新示范区将享受国家自主创新示范区相关政策，尤其是在深化科技金融改革创新、实施支持创新企业的税收政策、开展股权激励试点、支持新型产业组织参与国家重大科技项目等方面。自创区建设不仅是加快乌昌石三地产业攀升、经济转型发展的重要机遇，更是为丝绸之路经济带核心区建设提供更加有力的支撑。乌鲁木齐经济开发区推动新技术、新成果在重大项目的应用，中欧班列智能场站平台上线运行，班列发运时限进一步缩短，中欧班列（乌鲁木齐）集结中心获批"全国五大中欧班列集结中心示范工程"；昌吉高新区特变电在1 000 kV特高压变压器等方面的研究取得实质突破；石河子高新区合盛硅业20万吨密封胶项目、宏远电子2 000万平方米电极箔等项目相继建成投产；克拉玛依高新区百吨级重质油县浮床液相加氢中试项目已产出合格的汽油、柴油和蜡油，获得了催化剂性能工艺运行参数等关键数据；哈密高新区聚焦煤炭、煤电、风电、光电四大领域，提升3 MW级以上大型风电机组及配套发电机、叶片改造升级。

自创区将充分依托三地区位优势、创新资源优势和产业基础优势，积极开展创新政策先行先试，着力培育良好创新创业生态，激发各类创新主体活力，深入推进大众创业、万众创新，打造丝绸之路经济带创新创业新高地，全面提升区域创新体系整体效能，努力把乌鲁木齐、昌吉、石河子高新区建设成为科技体制改革和创新政策试验区、创新创业生态优化示范区、科技成果转化示范区、新兴产业集聚示范区、转型升级引领区、科技创新国际合作先导区。力争到2025年，使新疆整体创新水平处于我国西部省区前列，成为对中亚五国等丝绸之路经济带沿线国家具有较强带动作用的科技创新高地。

三、新疆维吾尔自治区科技发展战略研究院

新疆维吾尔自治区科技发展战略研究院于2012年9月被科技部认定为"国际技术转移中心"类型的国际科技合作基地，该院充分利用新疆丝绸之路核心区区位优势，结合国内外科技资源和技术转移要素，面向我国国内、中亚及俄罗斯区域创新需求建立了技术转移合作机构、科研成果数据库、技术转移项目数据库等，不断提高与中亚及俄罗斯的科技资源共享与服务水平。形成"企业需求–信息支撑–国际对接–转移合作–跟踪服务"的技术转移与成果转化服务模式，采取政府宏观推动为主导，建立财政激励、利益共享、供需合作、中介服务竞争的管理机制，为推动国际技术转移开展服务工作。

2012年以来，承办科技部、上合组织科技伙伴计划等各类援外培训项目8期（涉外专家150人次），推介交流活动40次。主动联合俄罗斯及中亚国家的合作伙伴申报国际科技合作项目，完成国际科技合作项目52项，协助签订国际科技合作协议26项，正式开展合作项目18项，跟踪服务项目12项。先后同俄罗斯、哈萨克斯坦、乌兹别克斯坦、白俄罗斯、乌克兰等国签署科技合作协议，建立"中国–中亚科技经济信息中心境外分中心"，与塔吉克斯坦国家科学院科技创新中心、乌兹别克斯坦国际太阳能研究所、吉尔吉斯斯坦国家科学院、俄罗斯科学院远东研究所、哈萨克斯坦国家科技信息中心分别签署了建立国际技术转移服务代理机构协议，为中国与中亚各国、俄罗斯的科技合作提供必要支撑，为各国战略决策提供科学依据。帮助国内科研院所、企事业单位建立同中亚国家及俄罗斯的合作关系，向国内外企业推介双方先进技术，举办"俄罗斯及中亚国家创新成果和技术推介会"，展出与会各国科研成果200余项，签订协议120份，涉及新

能源、生物制药、煤炭与石油化工、农业等领域。推进地方科技创新创业服务机构"中国—中亚技术转移中心"项目建设，与国际技术转移协作网络（ITTN）签订战略框架合作协议，与中国技术转移中心南方中心建立合作关系，共同开展国际技术转移合作。重视人才队伍培养，不仅培养一批熟练掌握外语、具有对外沟通能力和专业技术知识的人才，还努力在项目交流过程中为中亚国家培养科技合作人才。在对中亚国家及俄罗斯的科技合作、技术转移、信息交流等方面，已形成多渠道、多层次、宽领域的良好合作局面，合作成果突出。

四、中国科学院新疆生态与地理研究所

中国科学院新疆生态与地理研究所累计与"一带一路"沿线14个国家43所高校、科研院所和国际组织签署了40份合作协议和备忘录，建立了中亚生态系统监测与管理联盟机制，举办上海合作组织国立科研机构科技合作研讨会，并定期召开理事会会议。依托自身科技信息资源，建立开放联合的网络化、数字化、国际化中亚文献信息综合服务平台，包括"中亚科技文献信息资源集成共享平台"和"中亚及俄罗斯原文科技文献共享系统"，整合上合组织成员国及部分对话国、观察员国的科技发展动态、统计数据、原文科技文献、科技监测快报、科技专题研究等资源，为中国、中亚各国、俄罗斯的国际合作提供科技信息精准支撑。积极开展国际科技项目合作，其中，吉尔吉斯斯坦全境开展分布式低成本智能净水技术的示范与应用，获得该国领导人批示；中科院国际合作项目"亚欧大陆干旱带荒漠化研究"完成了亚欧大陆干旱带荒漠化时空格局分布图；国家基金委重点国际合作项目"毛里塔尼亚风沙灾害形成机制及治理模式研究"完成了毛里塔尼亚地区土地沙漠化分类分级评估系统与分布格局图；科技部政府间国际科技创新合作重点专项"非洲绿色长城重点区域沙漠化防治实用技术合作研究与示范"建立了非洲"绿色长城"沙漠化数据库等。

研究所下设的中国科学院中亚生态与环境研究中心成立于2013年，

是中国科学院"发展中国家科教合作拓展工程"首批建设的境外科教机构之一，由中国科学院联合哈萨克斯坦农业部、吉尔吉斯斯坦科学院、塔吉克斯坦科学院和乌兹别克斯坦科学院共同建设，面向上合组织和"一带一路"倡议对中亚资源开发、生态环境保护的重大需求，联合中国科学院11个研究所和20多个国外科研机构，围绕绿色丝绸之路建设开展生态系统、水资源、地质、气候变化、环境污染、可持续发展和农业技术七大领域的互惠合作和人才培养。现已建成乌鲁木齐总中心和哈萨克斯坦阿拉木图、吉尔吉斯斯坦比什凯克、塔吉克斯坦杜尚别3个分中心、3个联合实验室和3个信息分中心，并在哈萨克斯坦、吉尔吉斯斯坦、塔吉克斯坦和乌兹别克斯坦建成了15个野外观测研究站和4个农业与生态技术试验示范区。经中国外交部和哈、吉、塔三国外交部批复，3个境外分中心已注册成为所在国的非盈利科研机构。

五、中国—上海合作组织地学合作研究中心

2014年10月，经中国外交部、国土资源部批准，依托于中国地质调查局西安地质调查中心的开放性研究机构——"中国—上海合作组织地学合作研究中心"正式挂牌成立。中心旨在促进上合组织各国地学领域合作交流，推动地学信息共享和人才培养，助力地球科学和矿业经济发展，丰富和拓展上合组织合作内涵，打造上合组织国际地学合作研究平台。

2016年9月，中国地质调查局与西安市人民政府在京签署共建"中国—上海合作组织地学合作研究中心"合作协议，共同开展科技创新、国际合作、国际培训和大数据建设，推动"丝绸之路经济带矿业权交易所"和"中国—上海合作组织地学合作研究中心地学大厦"建设，积极融入国家"一带一路"建设格局。

2016年年底，由中国—上海合作组织地学合作研究中心主办的《上合组织国家地学快讯》正式创刊，主要报道上合组织相关国家在地学前沿基础研究、矿产资源可持续开发利用、跨境成矿带对比研究、地质环境与地

质灾害领域的最新进展，及时发布和更新中国地质调查局西安地质调查中心与上合组织国家合作项目运行情况及各国地质矿产信息、矿业政策、法律政策、矿业活动等资讯，为中资企业及地勘单位"走出去"服务。

2017年11月，"上海合作组织国家地学合作高层论坛"在西安举行，中国地质调查局"地质云1.0"正式发布，开启了我国地质信息一站式云端服务的全新工作模式，开创了互联网+地质调查的全新工作时代，为促进"一带一路"自然资源领域合作、实现互信互惠提供了有效的沟通途径。随着中国信息技术、卫星遥感技术的高速发展，地质信息领域基本实现地质调查全流程信息化，基于云计算技术的地质云、地质大数据建设初具规模，"地质云1.0"的上线运行，可为全国用户提供中国地学研究成果互联网在线共享服务。

2018年5月，由中国地质调查局西安地质调查中心举办的"上合组织地学大数据平台研讨会"在西安举行，会议提出了共建丝绸之路国际矿业权交易机构的倡议，对形成公正、合理、透明的"一带一路"沿线国际矿业投资环境，更好地服务于丝绸之路沿线国家及地区的能源资源及矿业产能合作，促进丝绸之路沿线的经济社会发展具有重要作用。成立后的丝绸之路国际矿业权交易机构，将在中国地质调查局和西安市人民政府的统一指导下，以中国-上海合作组织地学合作研究中心国际合作平台为支撑，邀请丝绸之路沿线各国相关地矿机构参与共建。该机构计划构建长效共建工作机制和合作协商推进机制并分阶段推进，探索不定期互访会晤机制，通过矿业信息咨询服务、矿产品交流、矿业权交易、矿业金融市场等模块，汇集丝绸之路沿线国家矿业领域的各类企业，构建矿业资源交易咨询服务和金融资本相融合的国际矿业经济圈，促进区域绿色矿业经济发展。

截至2021年年底，地学中心已与上合组织7个成员国、4个观察员国的相应地学机构建立友好往来，签署地学领域合作谅解备忘录及项目合作协议40余份，实施合作项目50余项；与丝绸之路经济带沿线的摩尔多瓦、芬兰地质调查机构建立了合作联系。发起"化学地球"国际大科学计划和国际地球化学基准网建设，自主研发"中国-上合组织地学研究中心信息发布系统",实现境外各类资料的数据检索、下载、分析快报生成,已录入13个中亚西亚东欧国家相关资料,包括各类地-物-化-遥、地形及矿业法规等资料2万余份,中亚西亚地区矿床、矿(化)点资料8 000余份。为国际多家矿企提供境外资料、技术及信息服务、咨询报告等200余次,助力延长石油、中冶集团等在国外申请矿权,带动陕西省地勘基金在吉尔吉斯斯坦投入1 500万元开展后续勘查工作,与中国驻外使馆、经商参处保持沟通联系,服务国家间资源合作。与中亚各国开展地球化学资源潜力评价、基础地质编图、水工环调查、信息技术等合作项目20余项,累计完成境外1∶100万国家尺度地球化学调查110万平方千米,采集样品10 000余件,完成30万平方千米国家尺度地球化学调查;编制了塔吉克斯坦、巴基斯坦、乌兹别克斯坦三国69种元素地球化学系列图件3套、200余幅;发掘整理完成了吉尔吉斯斯坦全境1∶5万地球化学调查数据212.12万件(样品的数据大于5 000万),建立了吉尔吉斯斯坦1∶5万化探数据库、1∶5万自然重砂数据库和1∶5万金矿信息数据库;编制了中吉天山1∶25万地球化学系列图件、地球化学找矿预测图件,圈定找矿预测区187个,开展了中吉天山区域地球化学找矿潜力评价研究;合作编制了中国西部所有跨境成矿带1∶100万地质矿产系列图件(7幅),出版《中国-吉尔吉斯斯坦天山矿产概论》《中国新疆及中亚邻区地质矿产图(1∶150万)》等专著、图件5部(幅)。接待高级访问学者30余次,培养硕士、博士120余名,开办研修及短期培训20多期、学员共450余人,项目合作培训200余人。

地学是上合组织成员国政府间科技合作协议框架内的重要内容,也是成员国相互协作的重要方向。地学中心高度重视与成员国的地学合作,在地质背景对比研究、地质填图、地球化学填图和卫星遥感等多个领域开展了实际性的国际合作。围绕国际地学研究前沿,地学中心凝聚国内外地学领域一流科学家,针对中亚、西亚和东欧重大基础地质、资源、能源和环境等科技问题,开展跨境重要成矿带组成、结构、演化,以及资源、环境、灾害效应等调查与研究,将上合组织各国地矿领域合作推上了新高度，为丝绸之路经济带建设增添新活力。

六、上海合作组织农业技术交流培训示范基地

2019年6月14日，习近平主席在比什凯克上合组织成员国第十九次元首理事会上提出"中方愿在陕西省设立上海合作组织农业技术交流培训示范基地，加强同地区国家现代农业领域合作"的倡议。这一倡议得到上合组织各方积极响应，2020年10月21日，上合组织成员国第五次农业部长会议通过上合农业基地建设框架构想并签定会议纪要。2020年10月22日，上海合作组织农业技术交流培训示范基地（以下简称"上合农业基地"）在杨凌农业高新技术产业示范区正式揭牌。

上合农业基地建设按照"互信、互利、平等、协商、尊重多样文明、谋求联合发展"的"上海精神"，立足上合组织国家农业资源禀赋、经济社会发展基础和未来农业发展方向，以政府主导、多方联动，需求导向、聚焦关键，开放引领、共建共享的原则，按照"交流、培训、示范"核心功能定位，提出了"一基地多平台、一中心多园区、一院多所"的建设思路，初步确定了"农业技术交流合作""农业技术教育培训""农业技术示范推广""农业贸易和产能合作"4个方面的主要功能，将建设一批现代农业研究中心、国际联合实验室、农业技术推广应用平台，目前36个重点项目和工作正在有序推进。

上合农业基地的成立，将稳步推进我国与上合组织成员国的交往合作，通过深入开展上合组织国家农业科研交流合作、现代农业科技人才培养培训、国际农业产业园区建设，实现区域间互利共赢。

七、中国（黑龙江）自由贸易试验区

2019年8月，中国（黑龙江）自由贸易试验区挂牌成立，由哈尔滨、黑河、绥芬河3个片区组成。作为国家首次在边疆省份布局的自由贸易试验区之一，同时也是我国最北部的自由贸易试验区，中国（黑龙江）自由贸

易试验区的成立为黑龙江省继续扩大对外开放，参与国际经贸合作奠定了良好的基础，也为黑龙江经济发展注入了新的动能。截至2023年6月，中国（黑龙江）自由贸易试验区新设立企业24 830家，实际利用外资3.75亿美元，新签内资项目380个，合同金额超3 000亿元。

同年12月，黑龙江跨境经济合作试验区批复成立，"一窗四区"发展战略格局基本形成。黑龙江跨境经济合作试验区在创建模式上确定了中方先行、政策先行、试点先行"三个先行"原则，旨在把跨境经济合作试验区建设成为中俄全面战略协作的先行区和面向东北亚的区域性跨境产业合作基地。黑龙江跨境经济合作试验区设立黑河、绥芬河、东宁3个片区，采取"一区多园"的发展模式，充分发挥区位、口岸通道和"多区叠加"政策优势，结合当地产业基础条件，努力将试验区建设成为技工贸一体、新业态牵引的中俄两国嵌入式合作区域，逐渐形成以"核心区"带动"多园"的经济、产业协调联动发展格局；努力扩大传统加工产业规模，积极推动原有产业链再造和价值链提升；充分利用俄罗斯在粮食、水产品、中药材、电力、成品油、天然气、宝玉石、矿产品等领域的资源优势，培育新动能、壮大农副产品、食品、特色工艺品、清洁能源等新产业。

自国家出台"一带一路"倡议规划以来，黑龙江依托地处东北亚区位中心、对俄合作前沿的地缘优势，在推进"中蒙俄经济走廊"建设中，多渠道加快建设中国向北开放的重要窗口。其中，在推动加速构建中俄铁路东部物流大通道建设中，"三桥一岛"建设成为黑龙江省对俄经贸合作高质量发展的助推器。"三桥"即同江跨境铁路大桥、黑河—布拉戈维申斯克黑龙江（阿穆尔河）公路大桥、东宁—波尔塔夫卡瑚布图河界河公路大桥；"一岛"即黑瞎子岛陆路口岸。黑龙江省以"三桥一岛"通道为突破口，积极融入"一带一路"建设，推动跨境基础设施多点对接、互联互通，构建跨境多式联运交通走廊，推动中俄双方合作提档升级，打造向北开放新平台、新高地。

第一节　国际科技合作计划的主要模式与关键政策

国际科技合作计划主要是为本国国家战略和政治服务，是拓展科学研究资源获取范围、提高研发能力、节省研发经费和时间，实现有效利用别国科技资源的重要方式。

一、主要模式

（一）制定科技战略规划

英国实施《国际合作战略》，明确国际科技合作的主要内容、方式，以及优先领域。新战略的目的是推动世界各地科研人员的交流和合作，通过合作与竞争提升英国影响力。合作内容和方式包括参与建设国际大科学装置、参与大型国际科技合作计划、保持与主要科技大国的双边合作、实施英国本国科技计划中的国际科技合作项目等，并将环境变化、清洁能源、老龄化、全球威胁与安全、数字经济、纳米科学与工程确定为英国国际科技合作的优先领域。

德国联邦政府实施《加强德国在全球知识社会中的作用，科研国际化战略》，旨在为政府相关部门采取进一步行动提供指导，增加部际合作，整合各部门各自的措施，促进和形成联邦、地方和其他所有科学共同体内部利益相关者之间的对话与讨论。该战略明确了德国参与国际科技合作的四大目标：加强与国际科研先进国家合作；在国际范围内开发创新潜能；加强与发展中国家的长期科技教育合作；承担国际义务，应对全球挑战。在每一个主要目标下还列出了30条具体行动措施，作为实现这四大目标的主要抓手。在此基础上，德国还大力实施国别战略，通过与一系列选定国家、地区开展合作来实现既定目标。为保证目标实现，德国制订了综合配套措施，主要包括3个方面：增设科技驻外代表机构；加强对国际科技发展的跟踪调研力度；加大国际科技合作交流的外宣力度。德国联邦政府将通过科学联席会（GWK）就科研国际化战略有关问题与联邦州进行协调，每3～5年组织国际专家对科研国际化战略进行评估，并对政策作相应调整。德国联邦政府将定期组织召开高级别科研国际化战略工作小组会议，根据最新评估结果协调组织策略及具体措施，商定联合行动。

（二）设立政府间科技合作项目

国家签署双边或多边政府间科技合作协议，设计并启动一系列科技伙伴计划或国际科技合作专项，与合作国共建以国家重大科技需求为牵引的联合实验室、研究中心、技术转移与资源共享平台，就科研项目组织本国与合作国高校、科研机构及企业进行联合攻关。如美国目前已形成了多层次的国际科技合作关系，其中仅联邦政府各主要职能部门就与110多个国家和地区签署了近900个科技合作协议和谅解备忘录等，州一级政府和地方政府与他国签署的科技外交协议更是不计其数。又如欧盟，对外科技合作的有序开展始于20世纪80年代初。欧盟实施的"欧盟科技框架计划"是目前世界上规模最大的官方综合性科研与开发计划之一，2013年启动了为期7年的"第八框架计划"——"地平线2020"，参与者遍布全球近200个国家，这一平台已由原来的区域内合作成为国际性科技合作的重要平台。再如，俄罗斯与我国签署双边科技合作协议，强调要加强在技术研发、联合培养人才等方面的国际科技合作专项建设。

二、关键政策

（一）制定针对本国、本地重大战略需求、民生需求和经济需求的科技战略规划

当前，数字技术革命处于导入期后半段，一批掌握前沿技术并创造了新商业模式的企业快速涌现。新兴的数字技术将向经济社会广泛扩散并释放其对经济增长的推动作用。全球创新格局正面临重塑，部分研发和创新活动逐渐向新兴经济体转移。以用户为中心、多元主体参与、更大范围合作的开放式创新正蓬勃发展，国际科技合作的新空间也加速拓展。立足于本国、本地科技创新发展实际，下好先手棋，必须提前为本国、本地中长期科技发展谋划好路径，采取超前布局和动态调整相结合的重大科技专项布局方式，确定重点领域、重点方向和重点项目，战略性配置科技资源，塑造未来科技战略优势。

（二）制定差别化的国别战略

在国际科技合作中，发达国家仍是国际科技合作的主导者，主要是通过开展对外援助，成功获取发展中国家的资源和能源；通过广泛参与国际大科学工程和计划，推动全球科技资源的整合和有效配置。在国际技术贸易方面，美国、英国、德国、日本一直享有技术贸易顺差。为提升本国影响力，国际科技合作可从地域、研究领域、政治环境3个角度出发，并综合考虑合作方的科技实力，将国际科技合作划分为"竞争性合作""互补性合作""援助性合作"等不同类型，并实施不同的合作策略。如对援助性合作国，本国要充分利用自身科技领域的相对优势，积极扩大技术输出和技术转移，并通过合作研究、联合调查、技术培训等多种形式，促进技术、产品、设备劳务出口，推动国际科技合作的市场和空间。

（三）制定提高政府公信力和认可度方面的政策

一是不断健全科技创新资源统筹协调机制，加强对科技发展战略、

科技体制改革、战略性关键核心技术重大工程等的统筹协调；加强国际科技合作计划与国家主体科技计划、重大科技专项的衔接和统筹协调机制建设。二是营造公平竞争、更加有效保护知识产权的良好市场环境，为各种所有制、规模、技术路线的企业提供公平获得创新资源和参与市场竞争的机会。三是增强对国际规则体系的适应性和影响力，特别是提高对合作国法律、规则的适应能力，增强创新政策的国际化程度，坚持在竞争中合作、在共赢中发展，以更加灵活、有效的方式，积极拓展国际科技合作空间。

第二节　跨境技术转移的主要模式与关键政策

跨境技术转移是国际科技合作的重要内容，是迅速获得合作国先进技术，乃至人才团队的直接方法。

一、主要模式

（一）技术交易市场平台开展跨境技术转移模式

这种模式往往以政府主导为主，构建国家级的技术交易市场平台。

美国技术转移比较成熟，目前已经形成了由非营利组织、技术转移办公室及研究技术应用办公室、民间中介、顾问机构为主干的技术转移组织体系。比较著名的国家级技术交易市场平台是Yet2.com和美国国家技术转移中心（NTCC）。Yet2.com是全球最大的网络技术交易市场平台，其基本功能包括全球技术授权业务和知识财产专业服务。NTCC为行业提供整合性技术交易信息网站及专业咨询、培训服务。

欧洲创新转移中心（IRC）是为了促进欧洲地区研发机构与中小企业

间的技术转移而成立的一个泛欧洲的技术交易市场平台。IRC总部在卢森堡，主要通过提供一对一服务来满足技术交易过程中的相关需求，并且通过网络工作平台提供跨国的即时技术交易服务。

日本国家级的技术交易市场平台Technomart采用会员制进行运作，技术转移活动重视地域性，重点提供跨国家、跨区域的技术信息、商谈与展览、技术贸易等服务。

韩国技术交易所（KTCC）是由韩国政府和民间共同出资创办的韩国著名技术转移组织，也是韩国国家级技术转移机构。KTCC主要职能是建立国家技术转让数据库和网络以构筑公共和民间部门的技术转移体系，为技术供求双方提供技术交易平台及技术交易支持系统。KTCC还通过技术评估、技术交易、企业并购等来实现其推进技术产业化的目的。

（二）建立海外研发中心的科技合作模式

相对于技术引进的一般模式，如设立合资企业、战略性兼并与收购、联合开发、技术许可，建立海外研发中心合作模式更能培育引进技术方自身能力，并规避技术转移的大额投资风险。

一类是间接境外投资，如国外设立非法人实体，以及和大学等科研机构以项目制建立战略合作协议的形式。这两类研发中心短期效果良好，但合作主要通过合作项目维系，对引进技术方的长期自主能力建设和国际化支撑作用相对有限。

另一类是在境外合作注册法人实体科技型公司模式的研发中心，如中德轨道交通技术（德累斯顿）联合研发中心有限公司，合作双方通过小资本合资在境外建立实体化的公司性研发中心，依托国外高校及研发资源，利用国内合作方项目支撑运营并培育核心竞争力，通过国内人员长期派驻、联合攻关等形式深度掌握核心技术，形成自主知识产权。同时，在国内配置相应的技术承接技术，并以市场化项目加速先进技术在国内的高效转移与成果落地，形成以"小资本合资实现核心技术突破"为核心的国际科技合作共赢新模式。

（三）风险投资支持跨境技术转移模式

英国技术集团（BTG）是著名的国际贸易机构，通过英国国家授权履行技术许可证颁发及专利保护的权利，专门以风险投资来支持技术创新和技术转移。BTG的运行方式是国际技术成果—开发形成技术产品—推广转移—再开发及投产等实现利润共享和风险共担。

二、关键政策

（一）建立和完善国际科技成果转移转化服务体系和技术交易平台

加强与一些重要国家和地区的联系与合作，结成战略合作联盟，形成政府支持，高校和科研院所、企业广泛参与的国际科技成果转移转化体系。充分发挥政府引导作用，支持建立国际技术转移中心、信息服务与技术交易平台，争取国家级"国际科技合作基地""国际技术转移中心"称号，争取这些国家、地区的优势科技资源、产业资源优先输入，加快科技成果转移转化；定期打造"线上+线下"技术交流、展示、交易活动，促进先进技术"引进来""走出去"，实现双向转移转化。

（二）利用高水平对外开放的门户枢纽优势开展国际科技成果转移转化活动

上海、广东等充分利用自贸区的制度优势，加速推进跨境科技成果转移转化的速度以及便利化程度，如在报关方面，充分利用"先进区，后报关"等政策，提升用于研发和生产的国外装备、材料的通关效率；在税收方面，对自贸区内企业进口国外的生产装备、原材料予以免税，降低国内企业的生产成本，激发其与国外企业合作的积极性，使国外技术在自贸区的转移转化更加顺利。

（三）发挥好国外领事馆、友好城市、合作机构的桥梁纽带作用

充分利用外国领事馆、国外友好城市和合作机构的资源，为本国企业、高等院校及科研院所引荐科技合作对象，促进其与本地主体科技计划、国际科技合作计划、国际产业合作计划、科技成果转移转化计划等加强对接。积

极通过国际科技合作专项计划重点支持优先发展的科技领域，带动战略性新兴产业发展所需的重大技术转移，带动高端人才引进与输出。

（四）建立和完善国际科技成果转移转化保障体系

支持建设符合实际的国际科技成果转移转化机构，对第三方技术评估机构、技术交易中介机构，以及技术评估师、技术交易经纪人等的资质进行规范，设立具有一定门槛的认定标准。建立国际科技合作顾问咨询专家库，吸纳精通中外法律、财务、审计、知识产权等专业领域的国际型精英人才，担任国际合作工作顾问，提供专业的咨询服务。设立国际科技成果转移转化保障基金，制订配套的奖励政策，对技术供需双方开展联合研发或产业化项目给予一定资金支持。设立知识产权质押与担保制度、国际科技成果转移转化引导资金，鼓励企业参与国际科技成果转移，对企业海外设立研发中心给予配套支持。加大政策激励力度，制定合理的技术成果转移转化人员的股权激励、分红机制以及职称评定方法等。

第三节　国际人才引进的主要模式与关键政策

国际人才引进是建立高端人才合作交流和共享机制的重要方式，是加快培养和造就国际一流的高精尖缺科技人才和科技领军人物，提升自主创新能力，形成核心竞争力的有效途径。

一、主要模式

（一）高额奖金吸引世界前沿领军人才

经济实力及科研实力比较强而且科研环境比较好的国家，如美国、德国，提供的奖金优厚且配套条件极好，经费可由获奖者自由支配，如德国的保罗奖。保罗奖是德国联邦教育与研究部设立的"德国政府未来投资项目基金"的一部分，由洪堡基金会和德国学术交流中心管理，是德国直接支持研究人员的最高奖金，最高可获金额达230万欧元，超过诺贝尔奖一倍多。该奖资助各个领域内世界上最著名的学者到德国最好的研究机构在一流的研究条件下进行为期3年的自由研究，相应的研究机构为引进学者提供学术环境和其他辅助条件。通过实施保罗奖，德国将从前流向美国的人才吸引回来。目前有14个获奖者被评为全球最优秀的研究人员，其中4人原籍为德国。

（二）引进学术带头人

通过实施各类人才政策、人才计划、人才基金，支持杰出人才到本地研究机构进行长期研究，带动相应学术领域发展。如法国为吸引在海外从事专门领域研究的顶尖学术带头人回国，设立了"国家级海外研究人员归国激励基金"，并解决其家属的工作和保险；以色列、韩国分别启动了"卓越研究中心计划"和"智力回归500人计划"；我国为引进海外高层次人才而专门设立的"千人计划"，为引进青年海归及短期回国创新人才而设立的"青年千人计划"；等等。

（三）引进人才团队

引进人才团队是近年来发展中国家采用较多的一种引才模式。单个人才引进后，往往遇到环境融合、人员配套、合作基础等问题，团队引才模式则可以充分发挥人才集聚优势，较好地解决上述问题。如我国教育部和国家外专局联合组织实施的"111"计划，以学科创新引智基地建设项目的形式实施，成建制引进海外人才，促进海外人才与国内科研骨干的融合，形成国际化学术团队。地方城市如深圳、南京、宁波、武汉也都组织实施了人才团队引进计划。

（四）通过移民或签证政策吸引人才

部分国家通过立法和实行国家计划来鼓励高级技术人才移民，例如，美国出台《移民与国籍法案》，加拿大实施吸引外国企业家的"创业移民计划"。还有一些国家和地区主要是通过推出针对国外高级人才的特殊类型签证来吸引人才，如英国的"杰出人才签证"，欧盟成员国的"蓝卡"计划等，日本法务省入国管理局发布的《第三次出入境管理基本计划》。还有一种做法则是通过积分制筛选引进人才，如澳大利亚、加拿大、新西兰通过对个人学历、技术专长、能力、职业经历以及语言等进行打分，以此判定引进的人才是否符合国家发展需求。日本法务省也制定了"高级人才积分制度"。

（五）通过大型平台进行合作交流

一是通过大型跨国科学合作项目来吸引人才。例如欧美等国家通过发起世界级大科学计划来汇集世界各国科学家，如欧洲核子研究中心发起的大型强子对撞机（LHC）项目，美国发起的国际空间站计划。二是通过建设跨国合作的研究机构和基地吸引人才，如日本设立的尖端研究基地计划、韩国设立的世界级研究机构计划。三是在海外建设人才引进平台，就地吸引人才。如新加坡国立大学设立了多学科全球联盟的研究战略，在海外著名创新聚集区设立海外学院；日本在国外建所；韩国则与美国等开展国际联合研究项目，设立海外合作中心。四是通过各种政策吸引海外机构在本土构建相关平台来吸引国外人才。如跨国公司大规模地在海外扩展生产与科研业务，并建立生产基地和研发中心，大力推行人才本土化战略。跨国公司争夺人才主要通过设立科研机构、人才本土化、育才计划、兼并等。例如，美国许多跨国高技术公司除给予国外高级技术人才高薪外，还根据人才从事工作重要程度额外配给股票期权。除跨国公司外，全球有70%的顶级和高级人才还通过猎头公司流动。90%以上的跨国公司也都在利用猎头公司获取人才。

二、关键政策

（一）健全的人才引进统筹协调工作体系

为做好国际人才合作交流工作，很多城市建立健全了人才工作体系，强化组织部门、科技部门、高校、企业间的联动与协调，并将人才工作纳入国民经济与社会发展指标考评体系，实行量化评价考核，积极有效地推进引才工作。如南京市成立市人才工作领导小组办公室，设3个处室15个编制，全面负责南京市人才工作；人社局负责人才（团队）引进和大学生创业工作；科委负责顶尖科技人才引进与培养，形成"一体两翼"的工作格局，极大地增强了人才工作的领导力。宁波、深圳也设立市人才工作领导小组办公室统筹全市人才工作，由科技部门负责科技创新创业人才团队引进，宁波市创新创业人才引进由人社局负责，深圳市由外专局负责，职责分工明确。

（二）组织实施各类人才计划

行政主导下的政策引才为目前我国大多数城市引进国际人才的做法。运用政策手段，建立具有比较竞争优势的事业和福利待遇，吸引国际人才交流合作，集聚科技顶尖专家、创新型企业家、高层次创业人才，形成海内海外人才引进交流机制。如深圳市以"孔雀计划"为引领，制定了详细的人才认定办法、人才认定标准和人才团队评审办法等，引进的人才涵盖高层次高技能、急需紧缺、储备人才等多个层次，涉及科技、人文、艺术、体育等多种类别，政策覆盖面广，可操作性强。同时将广东省"珠江人才计划"入选团队纳入"孔雀计划"管理，实现省市政策有机衔接。

南京市自"十二五"起持续实施"南京创业人才321"计划，重点引进领军型科技创业人才、科技创业家、国家千人计划创业人才，实施成效显著。"十三五"起调整为"创业南京"人才计划，发布《科技顶尖专家集聚计划实施细则》《南京市关于优化升级"创业南京"英才计划实施细则》，重点集聚科技顶尖专家、创新型企业家、高层次创业人才，体现了人才引进的急需紧缺原则。

宁波市自2011年起实施海外高层次人才和高端创业创新团队引进的"3315计划"，对"3315计划"人才创办的企业鼓励股份制改造，支持企业挂牌上市。人才引进工作坚持海内、海外两个人才市场并重，并行实施

"泛3315计划"，形成了海内、海外人才引进的互补机制。

（三）创建国际科技合作项目稳健推进的保障政策

用项目吸引和留住人才。将国际科技合作作为科技计划重点支持内容，纳入重点项目。建立多元化投资体系，支持科研机构、高校以及企业等对国际科研合作的投入。创建国际科研保障机制，有效解除国际人才的后顾之忧，使之能全身心投入科研攻关中。

（四）建立引进国际人才的信息服务政策

建立引进国际人才的信息服务平台，将国际技术、国际人才、国际项目等信息及时发布，形成全球布局热图，为企业、高校、政府引进国际人才提供高水平服务。如北京市科学技术委员会发起成立的国际技术转移协作网络（ITTN），除在国际技术转移合作与国际创新合作方面的工作外，还服务于国家和北京市外国专家局，承担部分全球引智工作。ITTN创建了专家库和创新资源库，其重要内容之一就是搜集整理国内外各领域专家及其联系信息等。

（五）人才服务与福利政策

为创造良好的人才居留环境，各地方城市在人才服务和福利方面实施了很多政策。实施政策的主题集中在生活补贴、人才居留、出入境、税收、人才公寓制度、落户、子女入学、家属就业及医疗保健制度等人才服务方面，且各地人才政策体系都有自己的侧重主题和政策创新点。

第四节　科研机构国际科技合作的主要模式与关键政策

科研机构是国际科技合作的重要参与主体之一。科研机构必须找准定位和切入点，才能在国际科学传播、技术扩散和共同开发等重要方面发挥更大作用。

一、主要模式

（一）合作交流推动科学传播

科研院所通过参与国际活动（如贸易投资博览会、国际学术会议）、人才交流培训，可以与各国的高校、科研机构建立基于相近领域科研人员的互动机制；通过参与国际合作办学项目，推动双边学者交流及互动，共同培养有具体项目支撑的应用型人才，构建国际人际关系网络；主动参与各国高校、研究机构、企业以及国际知名培训机构的合作，广泛开展科技管理政策、先进适用技术等培训，让参与培训人员理解各自文化，从而建立一批科技人才关系网络等。例如，德意志学术交流中心（DAAD）主要促进德国高校和科研机构同国外的学术交流，内容包括向学者、科研人员、进修生和博士生提供奖学金，向国外高校派遣德语教师和讲学人员，向公费或自费赴德留学人员提供德国高校的有关信息。目前已有大约6.8万名大学生和科学家接受过DAAD资助，近500名大学教授被派往世界各地授课。

（二）深度交往促进技术扩散

国际科技合作交往要有常态化机制。科研院所搭平台，或借助高校、科研院所和企业相关交流平台与各国相关机构围绕重点产业开展国际科技合作，互派研究人员，实现科研活动、科研项目和科研人才3个维度常态化交往机制，保障交往的可持续性。国际科技合作交往的突破要有具体合作项目支撑。通过项目提高彼此国际化协同创新能力，形成产业联盟，或通过科技援助项目，促进科学家之间、政府间形成长期稳固的交往关系和合作信用。如德国国际事务办公室（IB）主要的任务是资助国际科技合作项目，资助项目的数量从2007年的732个上升至2010年的1 349个，金额从2007年的568.1万欧元上升至2010年的1 844.3万欧元。与发展中国家合作的项目在80%以上，金额在85%以上，有力地推动了环境研究与技术、生物技术、健康与医学、信息与通信技术、新材料、能源、地球科学等领域的技术扩散。

（三）技术交易分享市场收益

长期来看，有生命力的国际科技合作一定是要讲经济效益回报的。经济互补性强的国家间才有较多的经济交易机会和可能。国际科技合作交易的突破在于搭船出海。科研院所可以跟随企业到合作国设立海外研发中心，利用自身科技资源服务企业开展境外投资，利用产品技术优势提升企业跨国竞争能力。此外，还可以知识产权参股项目，也可以期权形式在装备制造、技术标准、技术服务等项目方面享有未来收益分配机会。例如，德国弗朗霍夫学会（FhG），它在德国国内拥有56个研究所，在国外也设有许多联络点，主要从事应用研究，接受产业界、服务行业和国家公共行政部门委托的合同研究。

二、关键政策

（一）提升合作效率的政策

鼓励科研院所在结合自身特点的基础上，根据适应的环境与对象，采用多种交流形式进行科技合作，包括合作研究、合作调查、合作开发、合作设计、合办非营利性机构、科技考察、人才交流、信息交流、实物交换、学术会议、科技展览、人才培训、技术贸易等，分别制定适用范围、规范流程以及应急预案等，并将科技交流方案以契约形式固化，作为合作方的行动指南和考核依据，从而大大提高交流的效率。

（二）提高合作能力的政策

一是大力支持能提升科研院所核心能力的项目。项目的主题应紧紧围绕科研院所主要发展目标，尽快形成一批品牌合作项目，然后通过合作方的窗口功能发挥杠杆作用，以撬动其他很多难以直接联系的合作方和科技经济资源等。二是支持建设自主可控的合作平台。一些科研院所经过长期发展建立了一批研究开发平台，如工程技术研究中心、重点实验室、育种中心、示范基地、示范园区。这些研发平台在仪器共享、人才培养、成果推广、技术辐射方面具有一定的比较优势。要充分利用这些平台引进国际先进技术、开展国际项目合作和人才培训。三是支持开辟国内外人才智力和技术交往的节点。科研院所应主动加强和国际人才中介、行业（专业）协会、著名高校、科研机构的交流合作，建立海外人才工作站，实现"送出去"和"引进来"相结合。

（三）实现合作收益的政策

一是支持契合合作国产业需求的项目。一些科研院所的科技成果如果能满足合作国产业需求，那么技术引进或人才培训需求乃至整条生产线输出都会成为可能。由于量大、有定价权等，科研院所参与这些项目必然有不菲的经济回报。二是支持科研院所参与技术攻关的项目，最终研发成果以技术输出形式实现产业化落地。同时，鼓励合作的各方共同制定与完善项目成果完成后的相关技术输出机制与利益分享机制。

第五节 国际科技合作的高端服务业发展模式与关键政策

国际科技合作能够健康持续发展需要相关的高端服务业作为重要支撑。这些高端服务业需要围绕国际科技合作探索一条"市场导向、立足企业、项目切入、层次递进"的新路径。

一、主要模式

（一）中介服务推动国际科技合作

中介服务业为企业提供技术和人才交流服务。根据企业国际科技合作需求，中介机构帮助企业引进先进技术、科研成果、设备、人才和实现产业转化。中介机构向政府和企业推介各国的最新科技成果和项目，采取技术交流、技术咨询和担任课题负责人方式，帮助企业开展国际高端人才智力引进工作。部分中介机构还主动参与国际科技合作资料数据库建设，面向政府科技主管部门、高新技术园区、研究院所、高等院校和企业提供权威、齐全的国际科技合作资料数据。

（二）会展服务引导国际科技合作

会展服务业通过开展国际科技合作政策和项目推介会、培训国际科技合作政策专业人员、组织或承办各类经贸科技洽谈会、国际科技交流合作推介会、科技节、国际科技合作周、创新博览会等，提高本国、本地的知名度和影响力，从而推动招商引资和高质量国际科技合作。

（三）资本服务带动国际科技合作

金融业越来越关注参与国际科技合作的企业，不断丰富各类金融产品（如"银税贷""人才贷"），在不同的融资环节上给予企业实质性的支持。如北京银行加大对承担重大国际科技攻关及重大国际科技基础设施建设企业的信贷投放力度。各类创投专项基金、天使投资、风险投资，各级资本市场、证券公司等，也为处于不同发展阶段的企业参与国际科技合作提供资金支持。如从事电信系统开发和集成的宇龙计算机公司一方面和美国高通公司从事核心技术合作，开发智能终端产品等，另一方面与日本野村证券合作，引进野村证券资金解决研发需要，通过资本的国际化带来技术的国际化。

二、关键政策

（一）支持中介服务业发展

支持科技中介服务业走"专业化"道路，能够一站式解决企业在融资、人才、市场、技术、上市辅导等方面的服务需求。加强自身队伍和组织建设，引进或培养国际科技合作专业团队，积极拓展国内外科技服务市场，打造更多国际科技服务新产品，如与国外著名高校、科学院、技术学院、创新联盟、产业联盟等打造国际科技合作平台，通过平台收集、翻译、遴选、分类、评估国际科技资源数据，形成品牌化服务。

大力支持外资或合资、合作的科技服务机构。以苏州自主创新广场为例，苏州史太白技术转移有限公司、以色列生恩公司、苏州生恩豪鼎科技信息咨询有限公司、苏州中欧技术转移有限公司等技术转移服务机构直接引进国外技术成果资源，成为促进与苏州企业技术交易的重要突破口。

（二）支持会展服务业发展

对满足一定条件推动国际科技合作的会展企业、国内外知名展览机构、国际性组织、国家级行业协会（学会）给予一定补助；对以促进贸易成交、技术交流、经济合作、项目投资、服务推广等为主要目标、以专业观众为主要对象的展会按展馆面积给予补助。

（三）支持国际科技合作的金融服务创新

一是引导科技信贷服务机制创新。建立特别制度安排，加大对参与国际科技合作企业的信贷支持力度，探索符合条件的可变利率定价模式。推动融资租赁机构为参与国际科技合作企业研发提供设备租赁业务。二是鼓励符合条件的机构与国际科技合作企业通过上海证券交易所、深圳证券交易所、全国中小企业股份转让系统、区域性股权市场等多层次资本市场开展直接融资、并购交易。三是发挥货币政策、外汇政策支持作用。支持参与国际科技合作企业开展跨境资金集中运营管理业务，对其办理外保内贷和内保外贷业务提供便利。四是推动国际商业医疗保险信息平台建设，完善涉外保险结算网络，为国际人才就医提供便利服务。

第六节　国际科技合作的氛围营造模式与关键政策

营造国际科技合作的良好氛围是以共同的创新目标和愿景作为导向，

在高效顺畅的组织运行机制和制度保障下，形成促进创新资源充分共享和快速流动的生态系统。

一、主要模式

（一）知识创新联盟模式

为使知识与技术的产生、加工、流动、扩散与转移更加顺畅，不同国家的高校、科研机构和企业有必要组成不同的知识创新联盟，从而及时地将知识创新的成果转化为经济发展优势，将知识资本与产业资本深度有机结合，为科技链与产业链融合提供适合的环境和路径。

（二）民间服务组织模式

由于各国有不同的文化背景和法律体系，各国参与科技合作不同主体不一定能够做到独立开展国际科技合作，不具备相应的渠道，这就需要民间的协作和支持。民间拥有灵活和较完善的运作体系，能够比较容易地帮助企业找到技术合作方，并快速促成双方达成科技合作共识。

（三）搭建国际科技合作平台模式

通过共建产业园、联合实验室、研究中心、技术转移与资源共享平台，组织国内与国外高校、科研机构及企业围绕项目中的技术进行联合攻关。这些创新主体在政府的支持下，为实现自身发展，必将加大国际科技投入，形成加速成果产业化的氛围。

（四）高新技术产业园区互动协作模式

各国国家级高新区作为各国科技创新、产业结构优化和新增长点产生的主要基地，是各国科技合作的重要场所。各国高新区通过互动协作，或向一些国家有条件地复制推广我国科技产业园区的发展模式与经验，形成分工合理、相互支撑、共同发展的区域，为国际科技合作奠定更为坚实的基础和创造更好的条件。

（五）科技营销活动模式

在各国争夺全球有限创新资源的环境下，德国提出了"德国——创意的国度"口号，并发起了"促进德国成为创新目的地国家广告活动"等一系列国家科技营销活动，大力宣传德国的科技成果和优质科研环境，在国际上树立起研发目的地品牌国家的形象。这一营销活动促使波兰、俄罗斯、乌克兰的青年科技人才向德国聚集。

二、关键政策

（一）支持国际科技合作平台建设

支持共建园区、联合实验室、研究中心、技术转移与资源共享等平台建设，加强各国科技园区和创新高地的合作，支持各国高校、科研机构和企业组成科技合作联盟、国际技术转移服务联盟、产业创新联盟等。通过促进国际科技合作平台建立的双边与多边协议，调动高校、科研机构和企业参与科技园区合作和技术研发的热情，形成推进国际技术转移和合作发展的良好氛围。

（二）壮大民间服务组织

支持各类民间组织壮大发展，为民间组织主办和承接的活动提供场地、资金等；对行业性、公益性、学术性、联合性、基金会等民间组织实施分类评估、动态管理，完善内部治理；建立相应的奖励和激励机制，鼓励依靠民间组织丰富的信息和人脉建设科技合作资源库，发挥好其技术对接、转移的纽带作用。

（三）支持精心包装开展科技营销、推介活动

定期召开国家科技政策、知识产权主题的宣讲会，邀请国家科技部领导、高技术研发中心专家、知识产权专家等到国内外高校、科技机构、中介组织、企业宣讲国家计划、科技政策，介绍专利全球化布局、申请和策略等，树立"创新中国"的品牌国家形象。

建立政府服务国际科技合作常态化机制，定期组织召开各国科技资源推介会；邀请"先出海落地"的单位在制度建立、出海模式、落地实施、中介机构选择等方面作经验介绍，或固化成培训材料，在各单位之间流转学习。

第四章
新材料、生物医药产业国际科技合作的主要模式与政策研究

第一节 新材料产业国际科技合作的主要模式与关键政策

新材料产业作为现代高新技术的基础和先导，也是衡量一个国家经济社会发展、科技进步和国防实力的重要标志。各国都十分重视新材料领域国际科技合作，通过积极开展国际科学技术交流与合作，各国充分发挥优势弥补短板，做强新材料产业，突破制约产业发展的"卡脖子"技术，夯实现代高技术发展基础。

一、主要模式

（一）搭建国际科技合作平台载体，加快推进技术与人员交流

新材料的出现推动物质资料生产发生质的跃升，每一次产业变革之前，都必然有一场材料革命，材料产业发展水平对一个经济体的核心竞争力有着重大影响。发达国家高度重视新材料产业发展，为了维护其高额利润，对新材料国际贸易设置大量壁垒。搭建国际科技合作平台载体，加强同国内外各创新主体及政府间联系，通过共建联合实验室和技术转移平

台、共同开展科技人文交流、共建科技园区及推动重大工程建设等方式，建设新材料领域研发平台和科技服务载体。提升国际合作能级，从简单的展会交流和研究合作，向项目合作和产品开发的纵深方向发展，实现国际前沿科技和尖端人才资源引进，推动技术和产品的海外成果转化。

1. 国际合作实验室和联合实验室

依托国际合作实验室、联合实验室和合作中心等平台，国内外科研团队合作开展研究活动，建立相对稳定的人员互访、技术研发和成果交流等机制，充分利用国内外技术资源提升技术研发实力。"中俄轻金属材料国际合作实验室"由清华大学联合俄方的专家、科技人员成立，集中中俄两国科研人员的智慧和力量，围绕我国新材料领域科技攻关的战略目标开展合作研究工作。在轻合金新材料、变形镁合金新材料、空间材料、大型压铸装备结构设计及其实时控制系统等关键技术领域，展开了切实有效的国际学术交流和合作研究工作，取得了一系列进展。俄罗斯专家参与开发6种型号的铝镁合金专用压铸机装备，填补多项国内空白。合作开发出高强度、耐腐蚀的高质量镁合金薄板，并开展大量有关镁合金薄板的高温塑性加工工艺的基础性研究工作。

哈尔滨工程大学"船舶与海洋工程力学国际联合研究中心"联合美国加州大学伯克利分校、英国南安普顿大学、俄罗斯圣彼得堡国立海洋技术大学等14所国际知名学府以及法国船级社等4家国际海事研究与认证机构设立，在高层次人才培养、科学研究、学术交流等方面开展深入合作。中心围绕船舶与海洋工程水动力学和结构力学2个研究方向，在数值水池技术、极地航行船舶关键技术、船舶运动与海洋浮体水动力基础理论研究、船舶结构疲劳强度评估技术、船体结构接触爆炸毁伤行为关键技术、水下爆炸气泡技术、高速三体舰船研发设计基础技术、多体新船型关键技术研究等方面处于国内领先或引领地位。

2. 国际科技合作数据库与项目对接网络

国际科技合作数据库为国内外合作双方提供科技资源和需求信息，通过搜索，各取所需，从而使国外的先进技术和科研成果、国内产业和技术开发需求相互匹配，并通过建立项目对接网点为技术供需双方提供对接渠道。广东省建设的"独联体国际科技合作资源数据库"是国内最具权威的独联体国际科技合作资源数据库之一。同时，广东省也推出了"广东科技企业需求数据库"，收录了大量国内企业需求信息资料。黑龙江省对外科技合作中心和哈尔滨科技情报所也收集整理大量上合组织国家科技信息和科技成果数据，通过"海洽会"等组织形式引导国内外科技对接。

广东、江苏、浙江、黑龙江等省重点引进俄罗斯、白俄罗斯、乌克兰和哈萨克斯坦等上合组织国家在新材料、新能源、电子信息、生物医药、节能环保、装备制造六大领域的先进技术。国际科技合作服务网点遍布广州、深圳、东莞、佛山、清远、韶关、珠海、惠州、泉州、福州、朔州、烟台、哈尔滨、重庆、衢州、武汉、宜兴、东阳等多个地市，在相应国家也设有技术合作网点。

3. 国际技术转移中心和国际科技合作基地

"国际科技合作基地"包括国际创新园、国际联合研究中心、国际技术转移中心和示范型国际科技合作基地等不同类型，可有效发挥国际科技合作在扩大科技开放与合作中的促进和推动作用，提升我国国际科技合作的质量和水平。发展"项目-人才-基地"相结合的国际科技合作模式，使国际科技合作基地成为国家在利用全球科技资源、扩大科技对外影响力等工作中的骨干和中坚力量，并对领域或地区国际科技合作的发展产生引领和示范效果。

中俄国际技术转移中心由橡胶谷集团与俄罗斯沃罗涅日国立大学、俄罗斯科学院等机构联合成立，实现与沃罗涅日的技术资源交流，共同打造新技术、新产业、新业态、新模式。下一步，青岛市科技局将继续引进俄罗斯著名企业和大学院所的研究机构，共建国际孵化器，促进创新资源的互相流动。通过中心活动，引进来自第六届中国大学生高分子材料创新创业大赛俄罗斯海外赛区的优秀科研资源，推动中俄两国在生物医药、新材料、化工等领域的技术交流与合作。浙江宁波新材料科技城国际技术转移中心依托新材料科技城科技合作平台多元、技术服务体系健全、科技中介力量活跃、科技金融体系完善等优势，构建符合科技创新规律、技术转移规律、产业发展规律的技术转移体系，示范探索以企业为主体的全球创新资源要素配置机制，民间资本参与科技成果转化的投融资模式，先进技术与模式和传统产业集群融合发展新机制及市场化科技创新服务体系。

4. 搭建联盟协会与人文交流平台

国际科技合作是技术的流动，是人才的流动，是人的流动。在某些国家政府对技术输出、人才交流、技术封锁限制的情况下，加强民间人文交流，可以消除或减少民众的心理隔阂，凝聚共识，塑造新型科技合作关系。深化科技人文交流，构建科学家联盟，促进科技人才交流。加强民间组织交流和合作等，增进科技界的互信和理解，与各方专家建立长期沟通机制，从而促进在高科技方面的合作交流。

中俄工科大学联盟（简称"阿斯图"），由哈尔滨工业大学和俄罗斯莫斯科国立鲍曼技术大学共同发起，是中俄两国精英工科大学在自愿基础上结成的非营利性组织，包含54所正式成员和14所观察员学校。阿斯图总部位于哈工大青岛科技园，依托中俄两国工科精英大学的优势资源，开展互补性合作；组织并协调两国工科大学在教学、科研、文化教育和社会活动等领域的活动，为中俄两国工科高校开展合作与交流搭建平台。联盟将致力于促进两国国家技术进步和经济增长，为国家提供创新性建议，发展两国的高等工科教育、提高人才培养质量和科学研究水平。此外，联盟将积极开展与世界各国大学联盟在工科教育、科研、文化方面的国际合作，以更好地服务于世界的创新型经济构建与发展。

广东省面向独联体国家，相继搭建了"白俄罗斯–广东科技节""百名专家南粤行""国际科技和人才交流合作推介会"、"新广州·新商机"圣彼得堡推介会、"中国留学人员广州科技交流会暨首届中国（广州）创博会""中国（东莞）国际科技合作周""乌克兰新材料技术成果推介会"等一系列国际科技合作平台，为广东政府机构、科技企业、科研院所开展对独联体国家科技合作奠定了坚实的基础。

（二）面向新材料产业发展需求，大力推进关键技术引进

面向世界科技前沿、面向经济主战场、面向国家重大需求、面向人民生命健康，聚焦新材料产业发展卡脖子技术，国家和各地在金属新材料、极端环境材料、核材料和海洋新材料及材料基础理论研究等领域，加快推进新材料产业技术国际合作。推进了我国在极地装备设计制造、深海深空装备、核电装备、高速列车以及新材料设计生产工艺等领域，突破一批制约产业发展的关键核心技术。

1. 极地装备与核电装备

哈尔滨工程大学与圣彼得堡海洋学院等开展联合研究和技术合作，以北极航运、能源合作、极地科考等为主要合作领域，提升中俄极地技术与装备领域科技创新能力和协同发展能力，重点突破制约我国极地发展的技术与装备关键核心技术。充分发挥双方优势及作用，在极地冰下航行、极区环境预报技术、极地破冰技术、极地冰下声学、极地通信及导航等方向布局开展前沿创新、基础研究和工程应用，为中俄双方共同推进"冰上丝绸之路"建设提供科技支撑。围绕中俄双边合作，与挪威、芬兰等"冰上丝绸之路"沿线国家开展多边合作，支撑以北极航行安全保障、北极亚马尔油气田开发为代表的重大项目建设，带动极地领域各层级联合科研平台建设。参与设计制造了我国几乎所有极地船舶与海洋工程装备的研制工作，包括我国最新一代的极地科考船"雪龙2"号、全球先进极地甲板运输船、极地气垫破冰/运输平台、极地AUV等。

学校在核电领域开展国际科技合作，大量的研究成果已经应用于现役核电站和第三代自主核电站，产生了显著的社会效益与经济效益。学校自主研制的冷快堆实时仿真系统，填补了国内空白。核电机组安全壳非能动冷却系统，完成了从机理研究到原理性实验，再到关键设备和整个系统的研制和工程化设计，保障核电站在断电事故时仍能高效排出巨量衰变热。

2. 特种船舶设计与特种材料焊接工艺

由山东科学院与乌克兰合作，以国际科技合作与技术交流为特色，成团队引进乌克兰船舶设计专家、大力引进国内船舶设计人才，引进乌克兰船舶设计先进技术与成套资料，建设特种船舶研究设计公共研发平台。由广东省科学院与乌克兰巴顿焊接研究所合作，围绕现代焊接技术、先进焊接材料、高端智能焊接装备，面向航空航天、轨道交通、海洋工程、核电、新能源、电子电器等专业领域，开展高效焊接、特种焊接（钎焊扩散焊、搅拌摩擦焊）、高能束流加工（激光、等离子、电子束）、先进焊接材料等特色研究，以及焊接材料前瞻性基础研究、关键与共性技术创新以及特种焊接工艺开发。

3. 高速列车复合材料开发

中国中车探索国际科技合作新模式，在境外合作注册成立法人实体，创新实践以"小资本合资实现核心技术突破"为核心的国际科技合作共赢新模式。在对国际合作需求、新材料应用前景与作用、德国碳纤维复合材料技术优势等进行科学分析的基础上，以中方技术需求为牵引，以德方技术优势为推力，与德国德累斯顿工业大学合作研发成功世界首辆采用碳纤维主承载结构的下一代地铁，整车减重效果显著，性能优异。面向轨道交通车辆结构服役性能需求，在自主完成主体结构设计基础上，快速整合德国德累斯顿工业大学、弗朗霍夫研究所、英国固瑞特，西班牙卡布莱斯外部创新资源，构建上下游联动的协同创新平台，为下一代碳纤维复合材料地铁列车顺利研制提供强力支撑。通过联合技术开发，在技术上打破了国外企业对碳纤维复合材料工程化应用的技术垄断，对碳纤维复合材料在轨道交通装备领域的应用与发展起到示范带动和引领作用。

（三）发挥自身技术产业优势，积极开展国际产能合作

随着我国经济社会快速发展，工业增加值的规模已经成为世界第一名，但是部分行业却存在着严重的产能过剩问题。通过国际产能合作，将钢铁、水泥、玻璃、电力、纺织服装及装备制造等优势产业、产品和技术引向国外，通过绿地投资、股权并购、合资经营及承包工程等方式开展国际产能合作，实现各国之间相互补充的合作。并通过国际产能合作，推动国内产业进行多方面转型，增强企业整体素质和核心竞争力，拓展产业发展新空间，实现从产品输出向产业输出的提升，将产业优势与国外需求相结合，打造经济增长新动能。

近年来，橡胶谷深耕国际市场，逐渐积累起国际各方高端资源，先后在泰国、俄罗斯分别设立办事处，同时在当地配备橡胶谷对外合作专员，协助全国范围内的行业企业与两国政府、协会、企业、高校等机构开展对接与合作工作。泰国办事处与山东轮胎、机械、能源等行业企业合作，帮助园区内企业在泰国以及其他东南亚国家选址建厂提供帮助，同时也为中资企业在泰国及东南亚地区提供公司注册、知识产权、法律咨询等定制化咨询服务。橡胶谷协助园区企业青岛福诺化工科技有限公司在泰国设立工厂，参与了工厂选址、与泰方政府对接等工作，福诺泰国工厂已建成。

二、关键政策

（一）国家相关政策

我国政府历来重视国际科技合作，在中共中央、国务院发布《关于构建更加完善的要素市场化配置体制机制的意见》中指出，支持国际科技创新合作。深化基础研究国际合作，组织实施国际科技创新合作重点专项，探索国际科技创新合作新模式，扩大科技领域对外开放。发展技术贸易，促进技术进口来源多元化，扩大技术出口。国家"十四五"规划中也提出，实施更加开放包容、互惠共享的国际科技合作战略，更加主动融入全球创新网络。启动一批重大科技合作项目，研究设立面向全球的科学研究基金，实施科学家交流计划等。截至2022年年底，我国已与160多个国家和地区建立科技合作关系，签订114个政府间科技合作协定，深度参与60个国际大科学计划和大科学工程。由我国主导发起的"一带一路"国际科学组织联盟，成员单位已经达到67家。

通过对"十三五"期间的国家总体战略、部门科技创新规划、行业发展规划等进行分析和研究，在科技创新全球化发展和开放创新政策的总体推动和要求下，积极推动国际科技合作已成为各方共识。国务院及科技部、工信部等部门在我国国际科技合作政策出台方面发挥了主要作用，科技创新战略、产业发展规划、政策等相关政策都涉及国际科技合作。国际科技创新合作"十三五"规划中提出围绕各行业、部门和地方的重大需求，为解决重大、核心、关键科学技术问题提供强有力的支撑。增强各类创新主体的能力，培育国际科技创新合作竞争新优势，以合作带动科技创新、产业转型发展和民生改善。国务院《关于加强创新能力开放合作的若干意见》中指出，加强创新能力开放合作，要坚持以全球视野谋划和推动科技创新，吸引和培养高精尖缺人才，提升使用全球创新资源能力，打造开放合作区域高地，参与和引导全球创新治理，优化开放合作服务与环境，以开放促进发展、以改革推动创新、以合作实现共赢，全面融入全球创新网络，推动创新型国家建设。

（二）地方相关政策

近年来，各地政府出台多项措施鼓励新材料产业发展，并出台专项政策支持各技术产业领域开展国际科技合作，主要措施包括：建设前沿新材料国际开放实验室和境外研发中心，联合国外创新资源开展技术研究；发挥新材料领域产业联盟、行业协会等社会组织作用，积极参与国际科技合作计划和国际标准制订；引进国外创新机构、创新人才和团队来华；推动优势产业国际产能合作。

表4-1　我国政府及部分省市支持新材料产业国际科技合作主要政策

国家/省/市	政策内容	政策出处
国务院	继续扩大开放，积极利用全球资源和市场，加强产业全球布局和国际交流合作，形成新的比较优势，提升制造业开放发展水平。 深化产业国际合作，加快企业走出去。加强顶层设计，制定制造业走出去发展总体战略，建立完善统筹协调机制。积极参与和推动国际产业合作，贯彻落实丝绸之路经济带和21世纪海上丝绸之路等重大战略部署，加快推进与周边国家互联互通基础设施建设，深化产业合作。发挥沿边开放优势，在有条件的国家和地区建设一批境外制造业合作园区。坚持政府推动、企业主导，创新商业模式，鼓励高端装备、先进技术、优势产能向境外转移。加强政策引导，推动产业合作由加工制造环节为主向合作研发、联合设计、市场营销、品牌培育等高端环节延伸，提高国际合作水平。创新加工贸易模式，延长加工贸易国内增值链条，推动加工贸易转型升级。	《中国制造2025》
国务院	要以更开放的理念、更包容的方式，搭建国际化创新合作平台，高效利用全球创新资源，大力推动我国优势技术和标准的国际化应用，加快推进产业链、创新链、价值链全球配置，全面提升战略性新兴产业发展能力。 推动优势新材料企业"走出去"，加强与国内外知名高端制造企业的供应链协作，开展研发设计、生产贸易、标准制定等全方位合作。 推进国际产能合作，构建开放型创新体系，鼓励技术引进与合作研发。	《"十三五"国家战略性新兴产业发展规划》

续表

国家/省/市	政策内容	政策出处
工信部 发改委 科技部 财政部	优化政府公共服务，加强国际新材料创新合作和政策法规等信息引导，鼓励新材料企业统筹利用两个市场、两种资源，提升在全球价值链中的地位。支持企业在境外设立新材料企业和研发机构，通过海外并购实现技术产品升级和国际化经营，加快融入全球新材料市场与创新网络。充分利用现有双边、多边合作机制，拓宽新材料国际合作渠道，结合"一带一路"建设，促进新材料产业人才团队、技术资本、标准专利、管理经验等交流合作。支持国内企业、高等院校和科研院所参与大型国际新材料科技合作计划，鼓励国外企业和科研机构在我国设立新材料研发中心和生产基地。定期举办中国国际新材料产业博览会。	《新材料产业发展指南》
科技部	鼓励开展国际技术交流活动，采取科技合作、技术转移、产能合作、资源共同开发与利用、参与国际标准制定等多种方式，扩大我国材料产业技术创新在全球的影响力和话语权。吸引有实力的跨国公司在国内建立高水平的研发中心、生产中心和运营中心，带动行业和国内企业创新能力提升。鼓励境外企业和科研机构在我国设立材料研发机构，支持符合条件的外商投资企业与国内材料企业、科研院校合作申请国家科研项目。支持企业并购境外材料企业和技术研发机构，参加国际技术联盟，开拓国际市场，加快国际化经营。	《"十三五"材料领域科技创新专项规划》
工信部 科技部 商务部	充分利用双边、多边国际合作机制，抓"一带一路"建设契机，鼓励国内外科研院所、行业、企业拓宽交流渠道，在技术创新、标准制定、质量治理等领域广泛开展国际合作，提升原材料产品质量水平，推进产业迈向中高端。	《原材料工业质量提升三年行动方案（2018—2020年）》

国家/省/市	政策内容	政策出处
北京	深化国际合作。鼓励新材料领域有条件的企业和科研机构建立前沿新材料国际开放实验室和境外研发中心，与全球著名大学、科研机构、跨国公司联合开展技术研究。鼓励新材料领域产业联盟、行业协会等社会组织协调本领域资源，参与国际科技合作计划和国际标准制订，举办高水平的学术会议和产业论坛。鼓励新材料企业参与"一带一路"建设相关工程项目。	《北京市加快科技创新发展新材料产业的指导意见》
上海	推动跨国性合作与新材料深度对接。结合"一带一路"发展战略，支持有条件的企业参与全球经济合作和竞争，拓宽新材料产业国际合作渠道，促进新材料人才团队、技术专利、行业标准、管理经验等交流合作，鼓励国外企业和科研机构在上海设立新材料研发中心，促进资源充分利用与整合，寻求企业更高效的发展途径。	《上海促进新材料发展"十三五"规划》
浙江	深化对外交流和人才合作。加强与发达国家和地区、"一带一路"沿线国家和地区在新材料产业领域交流合作，积极引进国际国内知名企业及机构在我省设立新材料研发中心和生产基地，支持省内企业设立境外研发机构。不断优化新材料产业人才团队成长环境。	《浙江省加快新材料产业发展行动计划（2019—2022年）》

续表

国家/省/市	政策内容	政策出处
山东	深化新材料对外交流合作。加强国际新材料创新合作和政策法规等信息引导，支持企业融入"一带一路"建设，促进新材料产业人才团队、技术资本、标准专利、管理经验交流合作。支持省内企业、高等院校和科研院所参与大型国际新材料科技合作计划，鼓励国外企业和科研机构在我省设立新材料研发中心和新材料科技成果孵化基地。加强与新材料产业发达省市的园区、企业交流合作，发挥各自优势特色，形成战略发展同盟，实现地区错位、协同发展。	《山东省新材料产业发展专项规划（2018—2022年）》
河南	鼓励企业积极与国际尼龙优势企业合资合作，扩大和提升尼龙66、尼龙6产业规模和协同发展水平。 深化开放合作，以基地和园区为平台，大力引进国内外战略投资者，吸引数量众多、生产不同种类精细化工产品的中小型加工企业集群发展。	《河南省新型材料业转型升级行动计划（2017—2020年）》
重庆	鼓励企业建立国际化的研发体系，在境外设立研发机构，并购境外优势企业及科研机构，实现技术和产品升级，融入全球新材料市场。 优化新材料人才发展环境，大力引进海外高层次新材料人才及团队。	《关于印发重庆市新材料产业发展实施方案的通知》

国家/省/市	政策内容	政策出处
广东	实施国际科技合作提升计划。积极参与国际科技合作计划、国际大科学计划和大科学工程，承担和组织国际重大科技合作项目，增强在基础研究和重大全球性问题等新兴产业领域的科技创新能力。鼓励境外投资者来粤设立研发机构，引导其在粤建设战略性新兴产业大区域研发中心或国际科技创新中心，并引导外资研发机构参与广东科技计划项目。依托中以合作产业园、中德金属生态城、佛山中德工业服务区、广州中乌巴顿焊接研究院、中德（中山）生物医药产业园、汕头中欧区域合作试点等重大国际合作创新平台，探索建设一批国际联合创新中心或国际产学研创新联盟。 实施新兴产业国际合作计划。支持本土企业引进先进技术和设备，鼓励企业开展参股并购、联合研发、专利交叉许可等方面的国际合作，支持有条件的骨干高新技术企业加快布局建设一批海外研发机构，充分利用全球创新资源。推动新兴产业国际产能合作，支持广东轨道交通装备、航空装备、海洋工程装备等领域新兴产业企业与"一带一路"沿线国家和地区加强重大项目合作，推动高端制造业产能输出，带动轨道交通、船舶、网络通信等优势装备和产品输出。	《广东省战略性新兴产业发展"十三五"规划》
深圳	建设深圳国际协同创新平台，加强与国际技术转移机构的深度合作，吸引全球高水平科技成果在深圳落地转化。	《深圳市战略性新兴产业发展"十三五"规划》

续表

国家/省/市	政策内容	政策出处
厦门	加强国际交流。支持新材料企业走出去，参加各类产业博览和高峰论坛，跟踪美、日、欧新材料最新研究进展，培养新材料企业国际化视野，结合"一带一路"倡导，支持有条件的企业、高校院所参与全球新材料合作和竞争，拓宽新材料国际合作渠道。鼓励国外企业和科研院所在我市设立新材料研发中心，鼓励优势企业在国外设立研发机构，寻求企业更高效的发展途径。	《新材料产业链群2018—2022年发展规划》

第二节　生物医药产业国际科技合作的主要模式与关键政策

全球生物医药产业正处于爆发式增长的窗口期，加速推动生物技术革命和产业变革，抢占生物医药产业发展制高点，已成为许多国家的主要战略发展方向。加强国际科技合作，充分利用国际创新资源是我国生物医药产业实现跨越式发展的必然选择。

一、主要模式

（一）政府主导、技术输出为主的农业国际科技合作

截至2021年7月，我国已与全球140多个国家建立了长期稳定的农业合作关系，与80多个"一带一路"国家签署协议。科技支撑是推动农业对外合作的核心要件。借助不断完善的合作机制和平台，农业国际科技合作沿

着政府主导和市场主导两条路径持续推进，并逐渐形成技术转让、合作研发、技术示范、人员培训4种主流合作模式。其中，技术转让指"一带一路"国家农业技术供需双方，按照约定价格销售和购买相关农业技术的商业行为，包括专利技术、专有技术和其他技术成果。合作研发是合作方共同投入人才、资金和设备，合作研究与试验相关农业技术的科研活动。技术示范是通过示范和推广方式，实现技术从领先一方向落后一方转移的技术交流活动。人员培训是通过短期交流，向农业从业人员传授农作物生产和农机使用技术的合作方式。

1. 中国农业科学院积极开展农业技术转移和研发合作

中国农业科学院主动融入全球农业科技创新网络，统筹利用全球优势创新资源，推动解决农业科技领域的重大挑战，以开放合作提升科技创新和成果转化能力，形成了全方位、多层次、广领域的国际科技合作网络。截至2022年10月，中国农科院与330多个外国政府部门、科研教学机构以及近50个国际组织、基金会和跨国公司等建立了合作关系；在国内外建立了120余个多双边国际联合实验室或研究中心，其中在海外挂牌运营28个院所级合作平台；获批10家科技部认定的国家国际科技合作基地；累计派出10 355人次赴国外伙伴机构开展合作研究，邀请外国专家8 057人次来华合作交流，培训发展中国家农业科技人员4 300余人次。聚焦全球农业科技前沿热点和我国农业重大战略需求，利用创新工程，率先发起"国际农业科学计划"，与哈佛大学、牛津大学、剑桥大学等世界一流大学开展高水平协同攻关研究。成立"中国农科院海外农业研究中心"，发挥海外农业研究智库作用，于2017年被农业农村部评为全国四大"农业对外合作科技支撑与人才培训基地"。

"一带一路"和上合组织国家大都是发展中国家，农业科技水平明显落后于我国，我国与这些国家的科技合作以技术输出为主。

2. 陕西杨凌建成上合农业基地

自2011年商务部批准设立"中国旱作农业技术援外培训基地"以来，

陕西杨凌开展了大量多层次、多领域的国际农业科技培训。2020年10月，上合组织成员国第五次农业部长会议通过上合农业基地建设框架构想并签定会议纪要，杨凌正式成为上合农业基地。上合农业基地立足上合组织国家农业资源禀赋、经济社会发展基础和未来农业发展方向，主要开展农业技术交流合作、农业技术教育培训、农业技术示范推广、农业贸易和产能合作等4个方面农业合作。杨凌已建成中哈现代农业产业创新示范园、杨凌俄罗斯库尔斯克农业科技合作园等境外农业科技合作园区，积极推动国际农业产能合作与人文交流。截至2021年年底，杨凌已同以色列、加拿大等60多个国家和地区建立了农业科技合作交流关系，与哈萨克斯坦等20多个丝路沿线国家签订有关协议。2021年，上合农业基地举办了首期援外培训班，来自阿塞拜疆、白俄罗斯、哈萨克斯坦等6个上合国家的87名学员，围绕电商行业发展现状、电子商务合作等主题开展了研讨交流。

（二）利益共享、分工明确的医药研发合作

随着我国生物医药产业的发展，医药跨国公司与我国企业的合作方式不断发生变化，我国企业在对外合作中持续快速发展。创新药物研发是一项高风险、高技术、高投入、长周期和精细化的系统性工程。理论上，创新药研发基本遵循"双十原则"，投资超过10亿美元，研发时间超过10年。医药企业由于自身能力的不同，会耗费大量的时间、人力、物力和财力，为了节约成本，就需要把一部分或者几部分流程外包出去，交给更为专业的机构去做，这就是医药研发外包（Contract Research Organization，CRO）、制药合同生产（Contract Manufacture Organization，CMO）和医药合同销售（Contract Sales Organization，CSO）。在CRO领域出现了药明康德、泰格医药、康龙化成、美迪西等企业。在CMO领域涌现了合全药业、博腾股份、凯莱英、药明生物、睿智化学、杭州民生、杭州澳亚、烟台迈百瑞、华北制药、武汉喜康等企业。在CSO领域出现了康哲药业、亿腾医药、泰凌医药和中国先锋医药等企业。

二、关键政策

（一）国家政策

与有关国家、地区、国际组织和多边机制开展科技创新合作是我国对外工作的重要组成部分，是集成运用各类创新资源、提升国家科技创新能力的重要途径，对实施创新驱动发展战略具有基础性、前瞻性和战略性作用。目前，我国已经与许多国家、组织签订了双（多）边政府间科技合作协定（协议）。为落实合作协定（协议）的具体事项，科技部设有政府间国际科技创新合作项目、国际大科学计划和大科学工程培育项目和国家国际科技合作基地，农业农村部设有国际交流与合作项目，商务部设有援外培训基地等。

1. 科技部政府间国际科技创新合作项目

本专项按照同发达国家、周边国家、其他发展中国家、国际组织和多边机制等开展科技创新合作的不同特点分别细化任务部署。通过支持重大旗舰型政府间科技合作项目、开展共同资助联合研发、推动科技人员交流和合作示范，鼓励参与国际大科学工程（计划），鼓励大型科研基础设施开放共享等方式全方位支撑科技外交和国际科技创新合作各项重点工作。通过加强统筹协调，集中科技创新合作资源，完善从基础前沿、重大共性关键技术到应用示范的全链条政府间科技合作布局；通过实施具体项目合作落实协议和承诺任务，确保国家科技领域外交主张、倡议和承诺落地，展示我国负责任大国形象；通过科技创新合作推动构建全球创新合作网络，提升政府间科技创新合作应对全球性和区域性重大共性问题能力，服务国家经济社会发展。

2. 科技部国际大科学计划和大科学工程培育项目

本专项作为我国与国际社会开展多层次、立体化科技创新交流与合作的引领性、旗帜性、开放性专项，实施的总体目标包括：推动实施创新驱动发展战略以及"一带一路"建设，更好发挥科技创新的引领和支撑作用；围绕重大国际合作需求，更好推动国际科技创新资源流动和共享；推动科技创新合作应对全球共同挑战，更好实现联合国2030年可持续发展议程目标；促进企业深度参与国际科技创新合作，更好完善创新、创业的国际化环境。

3. 科技部国家国际科技合作基地

国家国际科技合作基地的建立旨在为更有效地发挥国际科技合作在扩大科技开放与合作中的促进和推动作用，提升我国国际科技合作的质量和水平，发展"项目-人才-基地"相结合的国际科技合作模式，使国家国际科技合作基地成为国家利用全球科技资源、扩大科技对外影响力等的骨干和中坚力量，并对领域或地区国际科技合作的发展产生引领和示范效果。

4. 农业农村部国际交流与合作项目

农业农村部国际交流与合作项目旨在积极配合国家外交战略部署，广泛参与双（多）边农业合作，推进"一带一路"建设，坚持引进来和走出去并重，培育国际经济合作和竞争新优势，助力形成农业全面对外合作新格局。同时为积极履行农业国际责任，强化国际农业合作技术支撑和全球农业科技合作，增强我国农业国际竞争力和影响力，提升农业自主创新能力，促进农业增效和农民增收，助力乡村振兴。

（二）地方政府政策

近年来，许多地方政府出台了专门支持生物医药产业发展的优惠政策，其中在加快国际科技合作方面主要有以下政策：一是支持引进跨国企业区域总部；二是支持引进高校院所、研发中心等国际创新资源；三是支持引进国际领军人才（柔性引进）；四是给医药材料、制剂、创新药等进出口便利；五是支持设立海外（离岸）研发中心、联合实验室等；六是支持联合研发，牵头或参与大科学计划等；七是支持举办论坛、峰会等多种形式的国际交流活动。

表4-2　我国政府及部分省市支持生物医药产业国际科技合作主要政策

国家/省/市	政策内容	政策出处
科技部	按照双（多）边政府间科技合作协定（协议）要求、落实国家领导人外交承诺等任务部署，科技部会同有关部门遵循国家重点研发计划项目形成机制，编制形成了国家重点研发计划政府间国际科技创新合作重点专项2020年度项目申报指南。 本专项作为我国与国际社会开展多层次、立体化科技创新交流与合作的引领性、旗帜性、开放性专项，实施的总体目标包括： ——推动实施创新驱动发展战略以及"一带一路"建设，更好发挥科技创新的引领和支撑作用。 ——围绕重大国际合作需求，更好推动国际科技创新资源流动和共享。 ——推动科技创新合作应对全球共同挑战，更好实现联合国2030年可持续发展议程目标。 ——促进企业深度参与国际科技创新合作，更好完善创新、创业的国际化环境。	《科技部关于发布国家重点研发计划"政府间国际科技创新合作"等重点专项2020年度项目申报指南的通知》《科技部关于发布国家重点研发计划"战略性国际科技创新合作"重点专项2019年度牵头组织国际大科学计划和大科学工程培育项目申报指南的通知》
科技部	国合基地的建立旨在更为有效地发挥国际科技合作在扩大科技开放与合作中的促进和推动作用，提升我国国际科技合作的质量和水平，发展"项目—人才—基地"相结合的国际科技合作模式，使国合基地成为国家在利用全球科技资源、扩大科技对外影响力等工作中的骨干和中坚力量，并对领域或地区国际科技合作的发展产生引领和示范效果。	《国家国际科技合作基地管理办法》（国科发外〔2011〕316号）

国家/省/市	政策内容	政策出处
农业农村部	为积极配合国家外交战略部署，广泛参与多双边农业合作，推进"一带一路"建设，坚持引进来和走出去并重，培育国际经济合作和竞争新优势，助力形成农业全面对外合作新格局。同时为积极履行农业国际责任，强化国际农业合作技术支撑和全球农业科技合作，增强我国农业国际竞争力和影响力，提升农业自主创新能力，促进农业增效和农民增收，助力乡村振兴。我司拟通过政府购买服务方式完成农业国际交流合作项目任务。 此次申报的农业国际交流与合作项目主要包含三部分，一是农业走出去供应链渠道建设项目。二是"一带一路"农业产能合作项目。三是加强农业多双边合作，与涉农组织合作和技术联合研发项目。	《2019年农业国际交流与合作项目申报通知》
广东	支持举办官洲国际生物论坛等具有国际影响力的生物医药产业峰会、高端论坛、学术交流活动等。推动我省高校、科研机构牵头发起或参与脑科学与类脑、合成生物学、中医药等国际大科学计划，支持"走出去"共建联合实验室、海外研发中心或科技园等，并在省国际科技合作计划中给予优先资助。搭建跨组织的企业知识产权建设与保护协作组织，共同助推优质企业参与国际竞争。加强与创新型国家、关键小国以及"一带一路"沿线国家在生物医药科技领域交流合作。	《关于促进生物医药创新发展的若干政策措施》

国家/省/市	政策内容	政策出处
河北	大力引进龙头企业。瞄准国际国内领军企业，开展高端招商，推动合资合作，对当年实缴外方注册资本超过1 000万美元且经认定的跨国公司总部、地区总部，按其当年实缴外方注册资本额2%、最高不超过1亿元省开发区发展专项资金给予奖励。 培育生物医药与生命健康一流学科。加大财政投入力度，支持河北医科大学、河北工业大学、河北大学、河北科技大学等高等学校的生命科学、生物工程、生物医学工程等学科建设，积极引进国内外学科带头人，加强与中科院、清华大学、北京大学、天津大学以及华大基因等开展合作办学，积极推进一流学科建设。 优化生物医药全球协同研发的试验用特殊物品的检疫查验流程。建立新药研发用材料、试剂和设备进口绿色通道，免除企业一次性进口药品通关单，实行一次审批、分次核销。适度放宽医药研发用小剂量特殊化学制剂的管理，支持在自贸试验区内建立备货仓库。简化一公斤以内的药物样品、中间体出境空运手续。支持石家庄依法依规建设进口药品口岸，条件成熟时设立首次进口药品和生物制品口岸。	《关于支持生物医药产业高质量发展的若干政策》
深圳	加强原始创新能力建设。针对基础研究环节薄弱的痛点问题，依托我市高等院校、科研机构及光明科学城重点区域集聚全球顶尖科学团队，在合成生物学、脑科学、生物医学大数据等领域加快建设重大科技基础设施，提升探索未知世界、发现自然规律、实现科技变革的能力，引领原始技术创新突破。 建设湾区成果转化中心。深化国际合作，集聚全球尖端科研团队，加速建设粤港澳大湾区生物医药科技成果转化中心，打造高起点、高质量、高标准的国际化科技创新研发高地；推进国际合作转化平台建设，研发转化一批引领性、突破性创新成果，提高大湾区科技创新与成果转化水平。	《深圳市促进生物医药产业集聚发展的指导意见》

国家/省/市	政策内容	政策出处
广州	生物医药领域的诺贝尔奖、拉斯克医学奖获得者、中国两院院士等专家带项目、技术和团队来穗进行产业化的项目，按照项目总投资的10%给予支持，单个项目最高不超过1亿元。 对于常年需要进行科研、临床研究或生产用品（试剂、仪器设备、生物样品、抗体原研对照药等）进出口的生物医药相关单位，由市科技部门定期通报海关部门。海关部门积极支持企业开展信用培育工作，对成为海关认证企业的给予相应海关优惠便利。	《广州市加快生物医药产业发展若干规定（修订）》（穗府规〔2020〕1号）
苏州	支持国内外优质教育机构在苏州设立专业医学院、药学院，鼓励产业高端人才培养。 积极向南京海关争取将D类特殊物品出入境审批权下放至苏州海关。对于常年需要进行科研、临床研究或生产用品（试剂、仪器设备、生物样品、抗体原研对照药等）进出口的生物医药相关单位，苏州海关会同有关部门结合信用培育工作，按规定给予相应优惠便利。 加强对生物医药产业重大创新资源引进和重大创新机构建设的支持力度，使之在产业发展中发挥更大支撑作用。对于中国科学院、中国工程院、中国医学科学院、国家级重点高等院校，以及具有国际一流水平的海外高校院所、医疗机构和研发机构在苏州建设创新研发机构项目、成果转化项目的，按"一事一议"方式给予重点支持。 对世界500强、中国医药工业百强（按主营业务收入排名）或境内外上市生物医药企业在我市设立地区总部且持续经营1年及以上，且在我市统计核算的产值规模不低于15亿元的，按照公司注册资本（指实收资本）的1%～3%予以资助，单个企业最高不超过6 000万元；其中在我市设立具有独立法人资格研发中心的，按照该研发中心上年度核准研发费用的20%予以额外资助，最高不超过1 000万元。	《关于加快推进苏州市生物医药产业高质量发展的若干措施》（苏府办〔2019〕69号）

国家/省/市	政策内容	政策出处
上海	完善在沪外资研发中心各项扶持政策，推动其与本市企业、高校、科研院所和医疗机构开展合作，支持鼓励跨国企业在沪研发生产创新药品和高端医疗器械。支持重点外资企业引入创新药品和器械等，鼓励大型外资企业及其上下游企业来沪发展。吸引各类企业总部来沪，鼓励国内外企业和国际组织（机构）在上海设立总部或研发中心，提升研发、营销结算、国际贸易等总部的核心功能。	《促进上海市生物医药产业高质量发展行动方案（2018—2020年）》（沪府办发〔2018〕39号）
	加强国际医学科技合作交流，支持本市医疗卫生机构和科研团队融入全球医学科技创新网络，与"一带一路"沿线国家（地区）共建联合实验室和研发基地，服务国家和本市医学科技重大战略。对医学科研人员（包括"双肩挑"科研人员）因学术交流合作需要临时出国的，在出访次数、团组人数和在外天数等方面，根据工作需要据实安排。特殊情况下，经所在单位和主管部门批准，科研人员可持普通护照出国，提高科研人员参与国际合作交流的便利性。	《关于加强本市医疗卫生机构临床研究支持生物医药产业发展的实施方案》（沪卫规划〔2019〕5号）
北京	支持国际高端创新资源在中关村示范区集聚。支持全球药品医疗器械领军企业在中关村示范区建设区域总部和研发中心，按照不超过房屋购置租赁、研发设备购置等实际发生费用30%的比例，每年每家企业给予不超过500万元的资金支持。支持企业开展国际研发布局。支持药品医疗器械企业在海外设立研发中心等分支机构，按照不超过实际发生的建设费用30%的比例，一次性给予每个分支机构不超过60万元的资金支持；鼓励中关村示范区企业与海外顶尖高校院所、全球领军创新型企业联合开展研发合作，按照不超过每个项目研发费用30%的比例，一次性给予不超过100万元的资金支持；每年每家企业累计支持金额不超过300万元。	《关于促进中关村国家自主创新示范区药品医疗器械产业创新发展的若干措施》（中科园发〔2019〕27）

国家/省/市	政策内容	政策出处
成都	支持引进总部企业。对引进的"六类500强"等国际国内知名企业，统计核算和税收结算在成都，符合成都总部企业引进奖励条件的，根据实收资本规模和租用办公用房情况，对企业及其高级管理人员最高奖励5 000万元。 支持申报"蓉漂计划"。大力引进来蓉创新创业的高层次生物医药产业人才，对符合条件的人才纳入"蓉漂计划"，给予最高300万元资助。支持企业柔性引才。支持产业功能区企业（机构）面向国内外重点高校院所和行业领军企业，通过顾问指导、技术合作、成果转化等方式，柔性引进生物医药高端人才或关键核心技术人才，按照人才薪酬的一定比例给予引才补贴。 支持行业展会及协会。支持引进、策划组织国际性、全国性、专业化的生物医药产业展会、峰会、论坛、学术交流等活动，给予最高500万元资助。支持成立生物医药类行业协会，鼓励国际知名协会在蓉设立分支机构，通过购买服务等方式支持协会发展。	《促进成都生物医药产业高质量发展若干政策》
南京	积极引进世界五百强、行业百强以及独角兽企业在南京设立总部或研发中心、建设生产基地。 集聚高端人才。依托"创业南京"英才计划、"345"海外高层次人才引进计划、"企业专家工作室建设"等重点人才工程，引进和培养一批新医药与生命健康领域高端人才和创新创业团队，引进人才享受市有关人才安居、资金奖励扶持政策。 搭建产业交流平台。每年举办"南京市新医药与生命健康产业峰会"，充分发挥在宁产业经济合作交流资源优势，依托南京创新周、金秋经贸洽谈会、世界智能制造大会和软博会等平台，支持引进、策划组织国际性、全国性、专业化的生物医药产业展会、峰会、论坛、学术交流等活动，并给予补助；支持成立生物医药类行业协会，鼓励国际知名协会在宁设立分支机构，通过购买服务等方式支持协会发展。	《南京市打造新医药与生命健康产业地标行动计划》（宁政办发〔2020〕35号）

国家/省/市	政策内容	政策出处
青岛	五、大力引进行业龙头企业。世界500强生物医药企业、中国医药工业百强企业（按主营业务收入排名）或境内外上市生物医药企业，在我市设立总部或区域总部、持续经营1年（含）以上，且在我市统计核算产值规模（或销售收入）不低于15亿元的，按照固定资产实际投资的20%给予资助，单个项目最高不超过3 000万元。对特别重大项目实行"一事一议"。	《关于支持生物医药产业高质量发展若干政策措施的通知》（青政办发〔2020〕6号）

第五章

上合示范区国际科技合作现状与问题

第一节　示范区国际科技合作的顶层设计与实施情况

一、示范区国际科技合作的顶层设计

（一）以商品贸易带动技术贸易

不断拓宽贸易合作领域，制定出台《关于加快培育国际贸易竞争新优势的实施办法》，引进培育传化（上合）合贸通等4个跨境电商平台。完成山东省首单跨境易货贸易通关测试。截至2022年4月，已累计集聚贸易主体1 700余家。建设上合特色商品馆，来自俄罗斯、印度等国的商品实现线上销售。

（二）以项目投资促科技合作

上合示范区企业与上合组织国家互相投资进展顺利，通过引进吉利卫星互联网、上合复星时光里、日产电机等示范性、引领性项目促进双向科技合作。

（三）以商旅人文交流构建科技交流通道

青岛市在上合组织国家建立的友好城市共4个，分别为俄罗斯圣彼得堡、印度海德拉巴、塔吉克斯坦杜尚别、吉尔吉斯斯坦比什凯克。友好合

作关系城市共7个，分别为俄罗斯彼尔姆市、白俄罗斯奥尔沙市、柬埔寨暹粒省、柬埔寨西哈努克省、巴基斯坦卡拉奇市、巴基斯坦费萨拉巴德、斯里兰卡康提市。已开展"友城合作，共创未来"系列活动，达成涵盖物流、贸易、金融、科技等多领域合作意向30余项。搭建上合组织国家与葡语系国家合作纽带，澳门葡语系国家商品展馆落户上合示范区。与印度光辉旅游集团、斯里兰卡探索旅行社达成协议，推进双向旅游合作；积极筹建上合经贸学院，推动驻青高校与上合组织国家开展文化交流，建设上合国际交流培训中心，通过与上合国家城市间的商旅、教育、人文交流引领科技交流。

（四）以合作平台汇聚科技合作要素

加速建设中白海洋新型光电技术创新中心、中俄海洋环境观测与资源探测技术创新中心、中乌海洋声学技术中心、中德海洋新材料技术中心等国际创新中心，与广东—独联体科技联盟合作建设上合示范区国际创新和产能合作中心，与"一带一路"沿线东欧独联体国际开展服务外包、科技转移、技术创新、人才交流等领域的合作；深化与中白工业园合作建设常态对话商洽平台，对话驻华大使、使节和领事，利用进博会、外洽会、云洽会等展会加强与国外商协会、跨国企业联系，举办国际论坛、科技展览会，成立海洋、能源等产业联盟，建成上合青年创业孵化基地、上合国家客厅、央企国际客厅两大"开放的超级市场"，推动上合组织国家乃至"一带一路"沿线国家间的双边、多边资本、技术、人才深度交融。

（五）以良好的商事环境保障国际科技合作

建设上合"法智谷"，打造"一带一路"国际商事调解中心、涉外法律研究中心、法律研究与实践基地等；与青岛市公安局出入境管理局协同推进建设驻上合示范区外国人签证受理点，与青岛市科技局协同推进建设上合示范区外国人来华工作证受理点，目前已分别在上合示范区行政审批服务大厅设立窗口，为促进外籍人员往来便利化提供服务。

二、示范区国际科技合作的实施情况

根据调查问卷的数据显示，上合示范区国际科技合作的最大特点是以市场需求和政策激励为主动力、以企业为主体。

表5-1　开展国际科技合作的动力

选项	比例
市场需求	57.14%
行业竞争	28.57%
政策激励	42.86%
地缘优势	28.57%
其他	0%

表5-2　机构与上合国家合作的主体

选项	比例
政府	14.29%
科研机构	28.57%
企业	42.86%
中介组织	0%
其他	14.29%

（一）示范区国际科技合作的主要模式

上合示范区的机构与上合国家合作的主要模式是人才培养和合作交流互访。在引进方面，上合示范区的企业更多选择引进先进技术和国外专家，显然，技术和人才是示范区企业发展中最为稀缺的资源；在输出方面，产品输出是目前上合示范区企业最主要的输出方式，可见，企业"走出去"的方式仍旧单一，依然需要拓展更多的"走出去"模式。另外，其他的合作模式中，科技情报资料交换与发布、样品展示、技术传授与培训、试验项目等也是采用频率较高的合作方式。

表5-3　机构与上合国家合作的主要模式

选项	比例
技术引进	18.75%
技术输出	18.75%
产品引进	6.25%
产品输出	25%
设备引进	6.25%
设备输出	18.75%
核心部件输出	12.5%
核心部件引进	6.25%
引进专家	18.75%
专家输出	0%
基础研究	12.5%
合作互访交流	25%
人才培养	37.5%
其他	18.75%

（二）示范区国际科技合作成果形式

关于企业在国际科技合作中的成果形式，从调查数据来看，分工协作、共同研发与共同生产获得专利、新工艺、论文等成果形式占比较高，合作成果形式占比较低的是新标准、新设备、商标、人才流动等，这说明上合示范区企业目前参与国际科技合作的层次还有待于进一步深入。

表5-4 对方科技合作的成果形式

选项	比例
专利	57.14%
论文	42.86%
产品	28.57%
新工艺	42.86%
新标准	14.29%
新设备	14.29%
商标	14.29%
人才	14.29%
基地建设	28.57%
其他	0%

（三）主要合作对象情况

韩国和日本是示范区企业的主要合作对象，与韩日跨国公司合作的企业比例仍需要进一步提高。科研机构合作对象主要集中在俄罗斯、白俄罗斯、德国、乌克兰，与"一带一路"沿线其他国家进行科技合作的科研机构比例相对较低。

（四）合作经费投入情况

大多数示范区企业在国际科技合作中主要依赖于企业自身投入，其中大部分企业完全依靠企业投入而没有任何其他来源，仅少数企业有多项经费来源，即除了企业自身投入外，还通过银行贷款、各类基金等其他途径来筹集经费。有半数以上企业的合作经费不到其销售总收入的10%。总体上看，企业用于科技合作的经费占其销售总收入的比例偏低，且经费来源渠道少，经费较紧张。

第二节　示范区国际科技合作的政策体系现状

一、"引进来"政策逐步完善

为科研机构、企业、中介组织等参与国际科技合作提供税收、土地使用、融资等方面的优惠，推动多元主体深度参与国际科技合作，促进装备、技术、服务"引进来"。财政安排高端研发机构引进专项资金，对研发机构的科研活动、建设用地、人才公寓、房屋租赁、机构设置等给予优惠政策，对引进的人才、其子女及配偶落户等提供配套服务。

二、提升"一带一路"创新资源配置能力的政策不断强化

当前政策加快了创新创业孵化基地、各层级国际科技合作基地和平台建设；鼓励各类创新主体搭建合作平台，共建新型联合研发机构，共建创新产业园区，打造创新合作新高地。对新认定和评估优秀的国际科技合作基地按级别给予资金奖励；被科技部认定的"一带一路"联合实验室，给予中方牵头单位相应的配套等，以更好地聚集、利用"一带一路"的创新资源。

三、促进人才资源国际流动的政策进一步细化

组建"金种子"人才、高层次技能领军人才、博士后留青人才等梯次化人才队伍，对不同类型的人才给予补贴、奖励、项目资助等；整合集成各项人才服务政策、服务资源，为高层次海外人才在上合示范区创新创业提供出入境和居留、户籍、住房、配偶就业、子女入学、编制、职称、岗

位、薪酬、工商、税务、科研等方面的优惠政策和便利服务，提高示范区对各类人才的吸引力和凝聚力。

四、支持国际科技合作的配套政策逐步健全

不断完善知识产权服务体系，深化知识产权服务业国际国内合作交流，提升知识产权布局、保护的国际化水平；打造保障国际科技合作的法务环境，引进多个国际法律服务机构和知名律所，建设上合"法智谷"；推动金融开放创新，与国开行等多家金融机构签订战略合作协议，制定优惠政策吸引欧亚基金、中俄基金及创投机构落户，支持国际科技合作。

第三节　示范区国际科技合作存在的问题

一、各创新主体没能与国际科技合作政策形成快速联动

国际科技合作盲目性大，针对性不强。目前部分企业申报项目、开展合作，还是以自下而上的方式进行。政府和企业没有系统的顶层设计，没有围绕政府和企业的发展战略进行规划，有针对性地细分项目，导致下面想起什么项目就申报什么项目，以至于合作重点不突出，项目关联性差，针对性不强，很多项目最后不了了之，浪费大量资金，对企业技术水平、核心竞争力提升的帮助微乎其微。

二、国际科技合作的资源与信息匮乏

缺少有国际科技合作经验的协会、咨询机构、中介组织等，能够为参与国际科技合作的单位提供沟通途径，形成定期交流的机制，可以互通有

无；国际科技合作经费短缺，一些国际科技合作项目没有获得稳定的经费支持，导致国际科技合作的效益不稳定；服务国际科技合作的高端人才紧缺，培训体系不够完善，服务人员的能力需进一步提升；国际科技合作信息匮乏，国外技术能力地图绘制缓慢，信息来源、广度、深度和准确度不好把控，影响技术匹配度。

三、缺乏国际人才引进与培养的有效措施

政策执行力度需提高，全面落实引进和培育创新科研团队与人才政策。吸引国际人才渠道狭窄，要利用海外人才工作站等机制，搭建起海外引才引智的新平台。国际科技人才与信息交流还不够顺畅，没有充分利用国际高新技术交易会、中国留学人员科技交流会、国际人才交流大会以及各类留学人员创业园、国际科技交流活动来增加国际科技人才、信息等交流的密切度。

四、国际科技合作的软环境不够完善

关于创新成果保护方面还需进一步完善。营造重视和保护知识产权的氛围对促进国际科技合作具有重要作用。部分企业对知识产权、特别是专利的保护意识淡薄，缺乏熟知国外知识产权法的人才资源，缺乏知识产权的管理，应对海外知识产权纠纷缺乏经验，经常在贸易摩擦中受挫，给企业造成严重损失。

关于科研体制机制供给方面还需加快制度安排。由于缺乏科技联合资助政策，国际科技合作的财政科研资金很难顺利"过境"，导致多方联合开展的技术研究项目推进缓慢；支持大科学装置、大型科研仪器设备、科学数据开放共享的政策还有改善空间。

第六章

上合示范区国际科技合作体系建设路径设计

为保证上合示范区国际科技合作体系建设路径的科学性、合理性、可行性，应遵循以下4个标准，即落实国家开放合作战略、坚持互利共赢的合作原则、借鉴国内外国际科技合作经验以及发挥全市科技创新优势支持上合示范区开展国际科技合作。

一是落实国家开放合作战略。锚定国家确定的上合示范区目标定位和重点任务，以科技合作促进经贸合作，打造"一带一路"国际合作新平台，更好发挥青岛在"一带一路"新亚欧大陆桥经济走廊建设和海上合作中的作用，加强我国同上合组织国家互联互通，着力推动形成陆海内外联动、东西双向互济的开放格局。

二是坚持互利共赢的合作原则。尊重上合组织国家在政治、经济、民族、宗教、文化等方面存在的差异，加强沟通交流，在满足双方基本利益需求前提下，不断拓展科技合作领域和合作模式。

三是借鉴国内外国际科技合作经验。深入学习陕西、新疆、黑龙江等地区与上合组织国家合作经验，重点实施其中见效快、易操作的政策措施。加强与国家级技术转移中心合作，充分利用国家及其他省市现有的合作渠道和平台，不求为我所有，但求为我所用。

四是发挥全市科技创新优势支持上合示范区开展国际科技合作。明确重点合作领域、国别，形成一批特色合作成果。支持高校院所、企业发挥技术、产业、渠道等优势，当好科技合作"主力军"。紧密结合国际科技合作需求，推出更多制度创新举措。

根据上合示范区实际与发展需要，充分运用市场、政府两种机制，搭建国际技术转移平台，实施国际科技合作支持计划，加强人才、机构等创新资源引进交流，培育高端科技服务业态，加强重点产业国际合作和技术创新，不断优化国际科技合作创新生态环境，构建完善的上合示范区国际科技合作体系（图6-1），促进上合组织成员国、"一带一路"国家的科研院所、大学、企业与青岛中国上合示范区内大学、研究所、企业之间进行技术成果、科技信息和科技人才等合作交流，加快科技成果转移转化，推动技术创新、产业创新、业态创新和模式创新，把上合示范区建设成为上合组织国家相关地方间科技合作制度创新的试验区、企业创业兴业的聚集区、"一带一路"地方经贸合作的先行区，打造新时代对外开放新高地。

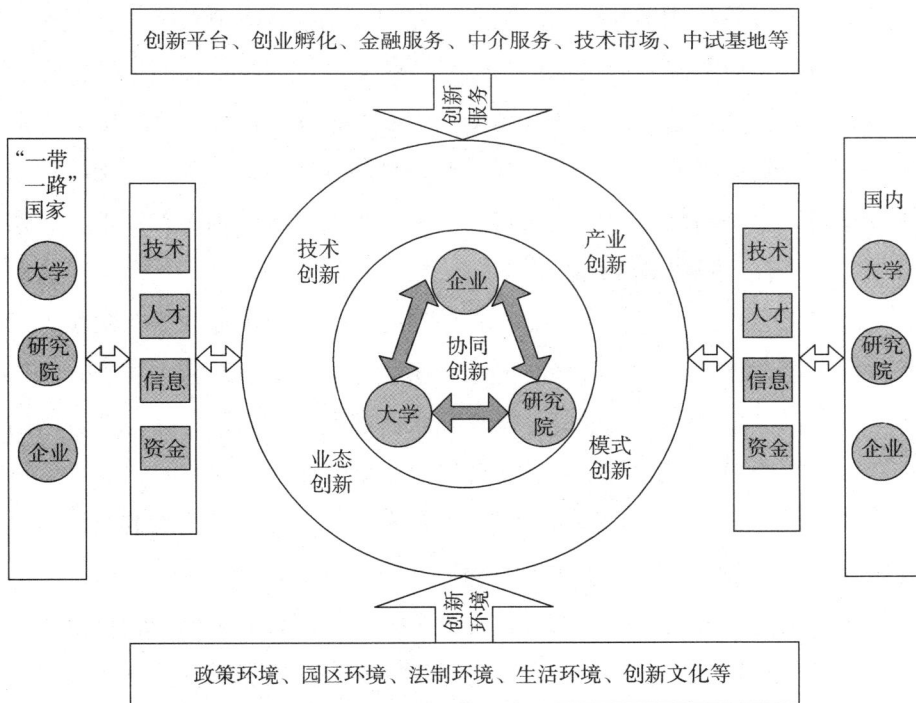

图6-1　上合示范区国际科技合作体系

第一节　跨境技术转移路径

技术转移是科技合作的重要内容。技术转移模式有技术熟化推广模式、一站式技术转移模式、产业技术研究院模式、科技创业孵化模式、网上技术市场模式和外海研发中心模式。技术跨境转移需要在科技信息、合作渠道、协作平台、科技服务、科技载体5个方面设计路径。

一、集聚科技信息

建立上合科技成果库。以课题招标方式，委托青岛科技信息研究院、新疆科技信息研究院、黑龙江科技信息研究院、广西科技信息研究院、云南科技信息研究院等，或者中俄乌研究中心、独联体国际合作联盟、中俄工科大学联盟等专业机构，以及俄罗斯、哈萨克斯坦、吉尔吉斯坦、乌兹别克斯坦、巴基斯坦、伊朗等国家科学院采集上合成员国科技需求、科技成果，为上合组织技术转移提供技术信息。

组建上合科技专家智库。委托青岛科协、哈尔滨工业大学、哈尔滨工程大学、黑龙江大学、上海科技大学、西北林业大学、新疆大学、石河子大学、云南大学、广西大学等，以及独联体国际合作联盟、上合成员国国家科学院等收集中东欧国家大学、科研院、研究所专家研究方向、重大科研成果。采集青岛大学、科研院所、企业专家研究方向、重大成果，组建青岛科技专家库，为上合组织技术转移提供人才信息。

研究上合成员国科技政策。通过招标方式，或者委托山东科技信息研究院、青岛科技信息研究院、青岛市情研究中心、新疆科技信息研究院、黑龙江科技信息研究院等研究哈萨克斯坦、吉尔吉斯斯坦、塔吉克斯坦、乌兹别克斯坦、伊朗、印度、俄罗斯等国科技政策动态、技术转移政策，根据上合成员国科技政策，制定差异化、多样化、切实可行的策略，为上合组织技术转移提供政策信息。

二、拓展合作渠道

构建上合双边技术转移机制。上合组织建立政府间合作委员会技术转移分委会，定期召开技术合作会议，商讨上合成员国技术转移现状与发展前景，探讨解决技术合作难题方案。与上合成员国大学、研究院、技术交易机构共同搭建互动交流平台，形成定期交流机制，推动双边技术转移。

组建上合技术转移联盟。依托上合国际技术转移中心，与中国-东盟技术转移中心、中国-南亚技术转移中心、中国-阿拉伯技术转移中心、中国-中亚科技合作中心、中国-中东欧国家技术转移虚拟中心，以及俄罗斯、塔吉克斯坦、吉尔吉斯斯坦、哈萨克斯坦、乌兹别克斯坦、巴基斯坦等国家科学院、大学、研究所共同组建上合技术转移联盟，开展产学研多边技术合作和技术转移。依托上合组织青年创业国际孵化器，从事农业、新能源、航天科技、数字技术、教育、卫生、环保等领域技术转移。

发展上合技术转移协作网络成员。依托技术转移网络，在上合成员国内大学、企业、研究所中发展网络成员。发展新疆生态与地理研究所、兰州大学一带一路研究中心、西安上合组织地学合作研究中心等为网络成员，向中亚转移农业机械、畜牧机械、矿业信息等。发展中俄乌研究中心、独联体国际合作联盟、中俄工科大学联盟、中俄基地创新协同中心等为网络成员，引进俄罗斯、乌克兰等国家的先进技术，输出中国轻工业技术。发展巴基斯坦内白沙瓦大学、俾路支大学、萨戈达大学、国际伊斯兰大学等为网络成员，转移农业机械、农田水利、医学技术等。

依托上合示范区，构建面向日韩、连接"一带一路"陆海统筹的开放新格局。与东京大学、名古屋大学等大学、日本理化学研究所等开展农业、环境、新能源、生物医药、大健康、信息产业、新材料、机械工程、现代物流等产学研联合研究、科技合作、人才交流。推进中国海洋大学、中科院海洋研究所等与韩国海洋水产部、海洋科学技术研究院、釜庆大学等开展气候变化、海洋能源、海洋空间规划、海洋生态环境保护、深海大洋和极地研究等合作。

三、搭建合作平台

搭建国际技术交易平台。依托上合国际技术转移中心，共建技术转移网络，引进技术登记注册、国际技术评估、国际技术鉴定、技术专利服务、跨境技术转移、国际知识产权仲裁等配套机构，完善技术交易规范、流程、谈判等规制，提升技术转移、成果转化、创新配套等服务品质，推动上合组织跨国技术交易。

建设技术产品展示交易中心。展示先进技术、新产品及技术应用场景，促进先进技术推广和新技术、新产品交易。通过线上线下互动，展示俄罗斯的飞机和火箭发动机、先进复合材料、核动力破冰船等技术，展示乌克兰的航空技术、火箭、先进舰艇、大型运输机等制造工艺、先进材料、焊接工艺等。展示上合组织国家技术应用场景，明确技术具体需求，开展国际科技合作。

设立上合组织技术合作论坛。吸引上合成员国大学、科学院、企业、研究所、技术转移中介等参加技术合作论坛，探讨中亚、东亚技术前沿、研究动态、发展趋势、合作方式、转移途径等内容，推动青年创业创新、多边技术合作、公益技术培训、国际项目对接等。依托技术合作论坛，加强多边沟通，让参与大学、科研机构、企业家、投资人充分交流、深入了解，促成国际技术合作。

举办上合组织国际科技合作博览会。依托博览会平台，展览上合成员国先进技术、高科技产品、合作科技项目，推动上合成员国科研成果转化、技术交易，促进企业引进新技术、新工艺、新产品，推动国际科技交流。科技合作博览会期间，设立上合科技活动周，展示上合成员国科技成果，让青少年了解上合成员国科技现状、发展趋势。

建立上合海洋国际创新中心。依托山东海洋仪器仪表研究所，建立上合激光技术研究院、中乌科技创新研究院、齐鲁工业大学基辅学院。支持齐鲁工业大学海洋科学技术学院，与乌克兰科学院海洋物理研究所共建国际生态仪器和海洋技术中心，合作研究海洋仪器、海洋学及生态监测等。依托中乌特种船舶研究设计院，引进船舶设计团队和船舶设计先进技术，合作研究特种船舶船型设计、海洋工程装备等技术。

办好上合组织青年创新创业大赛。举办上合组织青年洽谈会、上合组织青年交流营、青年创业国际论坛，推动上合青年开展机器人、无人机、新材料、电子商务等创新创业合作，建立青年创业孵化器、初创企业孵化器，开展创业教育、职业培训、创业孵化、技术转移等。举办上合创客大赛，集聚上合成员国青年创客，围绕新能源、数字经济、航天导航、信息技术等领域创新活动，每年举办2次创客比赛，设立上合创客大奖，鼓励青年创客在青岛创新、创造和创业。

四、优化科技服务

提供上合成员国展示技术、产品服务。依托科技博览会、技术合作论坛、技术交易平台、青年创客大赛等载体，或者设立分会场，开设科技成果路演场地，以便展示新产品、新技术、新工艺。同时，提供科技成果评估、技术认定、成果登记、专利仲裁等服务。

提供上合组织技术经纪人培训服务。引导大学设立跨国技术转移专业，开设国际技术转移课程，培养技术转移专业人才。依托上合经贸学院，面向上合成员国科研院所、企业管理人员、技术转移中介，培训国际科研合作、跨境技术转移、国际技术交易、国际科技法律、谈判技能技巧、跨文化沟通等专业知识，推动上合成员国之间跨境转移技术。

提升服务国际技术转移能力。依托国际科技合作平台，集聚政策、技术、人才、资金、信息等科技合作资源，建立上合新技术创业服务基地、产学研结合示范基地、大学生创新创业基地，推动国内大学、研究所与上合成员国研究院所、企业互动，为跨国创业、创新提供科技信息、技术转化、成果孵化、种子基金、市场信息提供服务，提升企业、研究所的国际技术转移能力。

提升上合科技人员国际交流能力。依托上合杰出青年科学家来华入青工作计划，推动上合组织国家青年科技人员交流。设立上合应用基础研究项目计划，重点推进上合组织国家农业、制造业、海洋等领域技术合作。设立上合友好城市科技人员交流政策研究项目，研究青岛与俄罗斯圣彼得堡、以色列耐斯茨奥纳、巴基斯坦费萨拉巴德、泰国清迈、乌克兰敖德萨等友好城市开展科技人员交流政策，服务友好城市科技人员交流。

五、建设科技载体

建设上合技术转移集聚区。依托中俄生物医药产业园，设立中俄生命科学产业研究中心、上合组织国家健康产品交易平台，支撑中俄生物医药、健康养生等技术转移。依托中国-白俄罗斯工业园，开展电子信息、生物医药、精细化工、高端制造等技术转移。依托中国-吉尔吉斯斯坦经贸合作区，开展矿产资源勘探、开采和应用等技术转移，推动轻工、家电、纺织、建材等产业合作。支持哈尔滨工程大学青岛创新发展基地在俄罗斯设立中俄极地技术与装备实验室，合作研究北极航道（"冰上丝绸之路"）、新能源开发、极地考察。

建设上合科技中试基地。依托齐鲁工业大学海洋科学技术学院，建立科技中试基地，设立中试车间、中试生产线。建立面向上合成员国的概念验证中心、技术熟化中心，设立概念验证性资助计划、概念验证性项目。引进实践经验丰富的技术转移专家，提供中试测试设备、检测工具、种子资金等服务，开展概念验证研究。支持青岛农科院、青岛农业大学等在上合成员国设立农业技术推广站、农业科技示范基地，推动农业科技双向转移。

建设上合科技孵化器。依托上合组织青年创业国际孵化器（青岛），建设科技孵化器，面向高科技创业者、科技型中小企业，有意进入中国市场的企业、商会，以及有意对接上合成员国市场的中国企业，提供一站式科技孵化服务。设立产业加速器，聚焦智能制造、机器人、智能电网、新材料、医养健康等领域，建立共享生产基地，建设生产设备共享厂房。设立上合科技孵化基金，为科技创业者提供融资、贴息、贷款担保等服务。依托上合经贸学院，为青年企业家、创业者提供企业管理培训、人力资源信息、市场开拓辅导。依托中以跨境双核创新孵化器，开展中国与以色列科技合作，加强海水淡化、无人机等合作。

建设上合国际客厅。支持上合示范区建立更多国家客厅，开展技术转移。依托俄罗斯中心，设立中俄地方投资合作信息部，集聚俄罗斯在华企业资源，促进中俄产业合作；设立中俄科技合作部，促进中俄科技人员交流，推动中俄科技合作。依托以色列国际客厅，促进以色列与中国开展医疗卫生、农业、节水等技术合作。依托德国中心，建立中德合作推进部，为中小企业技术合作提供市场咨询、商务会谈、产品展示、技术推广等服务。

第二节　国际科技合作计划路径

科技计划是国际科技合作交流的重要方式和主要管理手段。国际合作计划模式有国家科技合作计划模式、地方政府科技合作计划模式、大学国际科技合作计划模式、企业国际联合研发计划模式。上合示范区从科技人文交流、联合实验室、科技园合作和国际技术转移4个方面设计国际科技合作计划。

一、设立上合科技人文交流行动计划

实施上合科技人文交流计划。支持上合组织成员国的青年科学家、学者、研究人员来青岛交流学习，鼓励到中科院海洋所、地质调查局海洋地质所、黄海水产研究所交流海洋科技，到青岛农业大学、青岛农科院交流农业技术，到中国石油大学（华东）、山东科技大学、青岛大学、青岛理工大学交流工程、建筑、矿业、能源、机械、电子等技术，到青岛啤酒、海尔、海信、双星等企业交流家用电器、啤酒饮料、橡胶轮胎等技术。

面向非洲科技人文交流。重点与埃及、尼日利亚等开展科技人文交流。推动青岛农业大学与阿斯旺大学开展农业科技交流，促进青岛大学医学院与曼苏拉大学开展医学交流，支持中国石油大学（华东）与苏伊士运河大学开展石油工程技术交流。

面向西亚科技人文交流。依托中国—阿拉伯国家合作论坛等平台开展光伏新能源、核能等交流，承办中阿核能合作论坛、中阿新能源合作论坛。依托吉利卫星项目开展卫星导航业务交流。依托中阿北斗合作论坛，开展北斗导航、教育培训、测试评估、技术研发等交流。推动中科院海洋所与沙特开展海水淡化交流。

面向中亚科技人文交流。推动中国石油大学（华东）与哈萨克斯坦开展石油管道、石油机械等交流。支持双星、赛轮等与哈萨克斯坦开展橡胶轮胎技术交流，在阿拉木图设立中哈现代农业示范园。鼓励中国石油大学（华东）与沙特研究智能化钻井设备，与以色列、伊朗开发新能源技术，与俄罗斯研发北极石油、天然气开采技术。

面向东盟科技人文交流。增加大学每年定期招收东盟国家留学生数量。推动中国—东盟双边政府公务员互动，依托青岛行政学院合作交流部，承接东盟国家行政学院高级公务员科技合作培训、大型企业高级管理人员科技培训。支持青岛团市委开展东盟青少年科技交流。

二、制订共建联合实验室行动计划

支持大学、研究所在农业、矿业、海洋、环境保护、新材料、航空航天、医学等领域共同建设国际实验室，开展联合研究。

支持青岛农业大学、青岛农科院与伊巴丹大学、肯雅塔农业技术学院、沙特阿拉伯大学建立联合实验室，开展基因组图谱、花生、小麦等研究，联合培养人才，推广农业技术。

支持山东科技大学与费尔干纳工业学院、哈萨克斯坦工业大学建立联合矿业实验室，合作研究深井采矿、冶金、北斗卫星探测等技术。

推动中国海洋大学、中科院海洋所与俄罗斯、以色列、巴基斯坦等联合建立海洋实验室，开展极地、海洋生物基因、品种改良、海水倒灌、陆地沉降、海洋资源开发等研究。

引导青岛理工大学与以色列建立水技术实验室，研究水处理、中水循环、污水处理，建立中–以水处理设备产业园、节水技术示范基地。

鼓励齐鲁工业大学、青岛科技大学与伊朗、肯尼亚联合组建新材料实验室，开展纳米纤维、建筑材料、橡胶、塑料等研究。

支持青岛科技大学、青岛理工大学与沙特、伊朗、巴基斯坦、缅甸、泰国等国开展北斗导航技术研究。

推动青岛大学与伊巴丹大学、拉各斯大学、尼日利亚大学联合建立医学实验室，开展医药、艾滋病等研究。

三、推进科技园区合作行动计划

引导企业、研究所入驻上合成员国科技园区，或者在上合示范区内建立科技园。

与中亚科技园区合作。引导企业入驻塔吉克斯坦自由经济产业园、吉尔吉斯斯坦比什凯克自由经济区，开展建材、纺织、农产品加工等科技交流、经贸合作。

与西亚科技园区合作。引导企业入驻伊朗马赞达兰省萨里市的"中国农机城",开展农业机械合作。支持海尔增加伊斯法罕工业园投资,推动中车四方与德黑兰轨道车辆厂合作。鼓励货运企业入驻伊朗恰巴哈尔自由工业贸易区,开展海运、金融、保险业务。建立中国-以色列科技创新园,设立创新中心、孵化基地、创业平台等,开展节水技术、无人机、创新创业、科技孵化等科研合作。

与东盟科技园区合作。依托老挝磨憨-磨丁经济技术合作区、缅甸皎漂产业园、泰国罗勇产业园、中马钦州产业园等,开展农业、林业、海洋、旅游、矿业、橡胶化工、水产养殖、医药卫生等技术合作。支持上合经贸学院,培训跨境电商、移动支付、卫星导航等人才。引导中车四方职业学院,培训轨道交通技术人才。建立中国-缅甸技术转移中心,开展疾病防控、农业技术、雷达、卫星通信、深海探测、水产养殖等技术交流。

与南亚科技园区合作。支持企业入驻瓜达尔港自贸区、广西防城港中国-印度医药产业园,开展农业机械、有色金属、纺织服装、皮革制品、橡胶化工、水利电力、新能源、电动汽车、海洋装备等技术合作。依托上合经贸学院为巴基斯坦培养经济类、管理类、师范类、技术类人才。依托巴基斯坦中心,开展卫星通信等航天技术合作。依托中巴联合海洋研究中心,开展海洋考察、深海探测等技术合作。

与中东欧科技园区合作。引导企业入驻中国-白俄罗斯工业园、俄罗斯阿拉布加经济特区,开展物流、纺织、机械制造等产能合作,开拓光学仪器、水处理设备、木材、绿色农业等科技合作。建立中俄产业园,吸引俄罗斯涉海企业进驻中俄产业园,开展深海设备、极地考察、海洋仪器仪表等生产合作。

与非洲科技园区合作。推动企业入驻埃及泰达苏伊士经贸合作区,参与石油装备、高低压电器、纺织服装、新型建材、机械制造建设,推动产业合作、技术转移、科技交流。

四、实施国际技术转移行动计划

上合国际技术转移中心与中国-东盟技术转移中心、中国-南亚技术转移中心、中国-阿拉伯技术转移中心、中国-中亚科技合作中心和中国-中东欧国家技术转移虚拟中心组建国际技术转移联盟，面向"一带一路"沿线国家开展技术转移，承办国际技术转移大会，建立国际技术转移的联络渠道与沟通机制，制定国际技术评估、国际专利信息、国际技术交易、知识产权仲裁等标准。

第三节　国际科研人才引进路径

科研人才是科技的核心载体。国际人才引进模式有高额奖金吸引领军人才、引进学术带头人、引进人才团队、政策吸引人才、平台合作交流等模式。上合示范区从人才计划、分类施策、海外平台、园区平台、中介机构、柔性引才、兼并收购等路径引进人才。

一、设立上合人才计划

依托上合人才港，建立上合人才库，包括顶尖科学家、科技领军人才和创新团队、青年科技人才、科技创业人才等，重点引进新能源、工业互联网、卫星导航、电子信息、生物医药、新材料、新能源、现代农业、高端装备等领域人才。设立上合高端人才专项基金，用于奖励突破重大科研难题、提出实践检验效果显著方案、完成重大科研课题的高端人才。围绕建设互联互通的国际物流中心、互利互惠的现代贸易中心、互促互进的双向投资中心、互学互鉴的商旅文交流中心和面向未来的海洋合作中心，设立上合重大科技攻关项目，引进人才攻关。

二、分类施策精准引才

用足青岛市"顶尖人才集聚工程""领军人才扩容工程""高层次人才提升工程""基础人才储备工程"（青发〔2018〕26号）政策，对国内外顶尖人才、省级以上领军人才、高学历、高职称、高技能等人才分类精准引进，重点引进荣获部级、厅级科技奖项、知识产权类奖项、国家自然（社会）科学基金项目重大重点项目主持人等高层次人才，落实绿卡扩容、通道升级、举家引进、人才住房等待遇。

三、搭建海外平台引才

设立海外引智工作站。在美国硅谷、纽约，英国伦敦、牛津、剑桥、爱丁堡，俄罗斯莫斯科，日本东京，韩国首尔，澳大利亚悉尼等城市设立引智工作站，对接国外科研机构、大学专家、海外留学生，围绕上合示范区重点建设工程、重大科技攻关项目、高新技术、关键生产工艺，引进能够突破关键技术、发展高新产业的"高精尖缺"外国专家。

四、建立发展平台引才

依托国际院士港、留学人员创业园、高层次人才创业中心、国际人才交流协会等平台，举办上合组织青年交流营、"蓝洽会"、留学回国人员创业创新大赛、留学人员交流会、国际化人才创业项目洽谈会等，引进科技人才。围绕国际贸易、国际文旅、新能源、卫星导航、工业互联网等，抢抓北京高校外迁机遇，争取著名大学到上合示范区办学，或者开设分校。抢抓北京中央企业外迁机会，争取中央企业总部，或者中央企业研发中心搬迁示范区。培育智慧电网、海上风电、高端软件等高新技术企业，吸引科技人才创新创业。

五、依托中介机构引才

依托广东-独联体国际科技合作联盟，对接俄罗斯、白俄罗斯、乌克兰等国家科学院研究所，引进欧洲、独联体国家专家。"以专家引专家"，利用国外专家人脉网络，引进美国、日本、韩国、澳大利亚等国专家。依托国际客厅的巴基斯坦中心、印度中心、以色列中心等平台，对接以色列、伊朗等国家大学、研究所，引进海外人才。委托海德思哲国际咨询公司、光辉国际资讯顾问公司、万宝盛华人力资源公司等猎头机构，引进科技人才。

六、柔性政策灵活引才

突破身份、体制、职称、学历、地域局限，探索多种方式引才，不求所有，但求所用。开展"院士上合行""周末工程师"活动，柔性引才。运用校企合作、产学研联盟、行业协会会员、业余兼职、人才派遣、留职创业等，灵活引才。依托国际科研项目，引进海外人才、博士后、访问学者、海外留学生，引进具有一定知名度、拥有技术成果的个人及团队。以特聘研究员、客座教授方式，短期高薪聘用资深学者、著名专家。全职引进刚毕业或留学刚归国的高层次人才。

七、海外兼并收购用才

鼓励企业大胆收购国外隐形冠军、独角兽企业。支持企业在全球构建研发、制造、营销"三位一体"的本地化模式，利用外国研发人员，提高研发能力。支持本土企业为世界一流大学提供资助，或联合建立实验室，借助外国大学科研人才为企业开发产品。支持海尔、海信、特锐德、赛轮、歌尔、澳柯玛、双星等企业到欧盟、英国、美国、东盟设立研发中心，雇佣当地科研人才，开发新产品。

第四节　科研机构引进路径

科研机构是技术转移的关键依托组织，引进科研机构是国际技术转移的重要途径。科研机构国际合作模式有交流推动科学传播、交往促进技术扩散、交易分享市场收益等。上合示范区引进国外研究院所，或者动员国外大学设立分支科研机构，或者建立联合实验室，或者鼓励跨国企业设立技术研发中心。

一、共建联合实验室

支持大学、研究院所与上合成员国科研机构共建联合实验室，合作研究农业机械、新能源、数字经济、卫星导航、建筑材料、海洋仪器、医学、矿业等项目，范围覆盖基础研究、应用研究、技术转移、成果转化，形成了"实验室+人才+项目"合作模式。

产学研共建实验室。支持企业与大学、研究院所以股权方式联合组建实验室，研究新能源、智慧电网、卫星导航、工业互联网、工业软件等技术，加快科技成果转化，推广技术应用。

企业并购科研机构。鼓励中集冷藏箱、特锐德、东软载波、吉利卫星、璐璐农机等企业兼并发达国家同行研究所、科技型企业，利用国外新能源、能源互联网、智慧电网、卫星通信、农业机械、云计算、大数据、工业互联网等技术、科研团队，在国外从事技术研发、产品开发。

企业资助研究所。通过资助、捐助研究所等方式，获得技术优先使用权。支持企业与著名大学、研究所结成合作伙伴，长期投资、资助著名大学、研究机构，熟悉研究方向、技术进展、未来潜力，优先获得技术转让权、使用权，争取尽早把技术转化为新产品，率先抢占市场。

共建行业技术中心。组建国际能源协同创新中心，攻克绿色能源、智慧电网等技术。引导上海风电、中集冷藏箱、特锐德、东软载波等牵头，与国内行业大学、研究所、企业，组建优势互补、利益共享、风险共担、技术合作的海上风电、冷链物流、充电互联网、智慧电网等行业创新战略联盟，组建行业技术中心，攻克行业共性技术、制定行业标准。

二、引进研发中心

建设上合国际创新园、企业科技园和大学科创园，引进跨国公司研发中心、国内中央企业技术中心，或者民营企业研究中心，以及大学、科研院所，进行技术转移、成果转化。

建设上合国际创新园。跨国公司是研发投资和技术扩散的主体。引导跨国公司加大研发投资，布局研发中心。在智慧物流、海上风电、智能电网、数字经济、卫星导航、工业互联网、电力软件等领域，引进国外研发中心，建设国际能源协同创新中心，开发新技术。

依托齐鲁工业大学海洋技术科学学院，建设上合海洋科学与技术国际创新中心，打造高端海洋仪器与传感器加工制造中心，充分利用现有科研大楼、综合实验楼、上合技术创新综合体等设施，支撑海洋仪器中试、设备测试、科技孵化等。

吸引国外企业研发中心入驻国际创新园。支持跨国企业在创新园建立研发中心，开发本土新产品，在上合示范区开展生产、销售和售后服务。吸引跨国企业研发中心设立分支机构，或者跨国企业与本土企业联合组建研发中心。

建设上合企业科技园。在齐鲁工业大学海洋科学技术学院东面，规划建设上合企业科技园，吸引东北、西北、西南等地区军工企业研究所、央企技术中心整体搬迁，或者设立分院、研究分中心，给予人才住房、划拨土地、建设研发大楼等优惠条件。

依托上合"一带一路"央企国际客厅，抢抓央企总部从北京外迁机遇，瞄准央企研究院、技术中心，吸引中国海油能源经济研究院、中国电子信息研究院（赛迪）、中国建筑科学研究院、中国电子科技集团研究院等设立青岛分院、增设研究所、科技成果转化基地。

建立上合数字经济创新中心。吸引华为中央研究院、阿里巴巴达摩院、腾讯研究院、百度研究院、京东大数据研究院等设立分中心，组建上合数字经济创新中心、上合新能源技术创新中心，引进新疆金风科技公司研发中心、国电南瑞研究院等科研机构。

建设上合大学科创园。依托齐鲁工业大学海洋技术科学学院、上合经贸学院，建设上合大学科创园。引进国际物流、现代贸易、双向投资、商贸文旅、国际海洋等领域大学，设立研究所、科技转化基地，从事技术开发、成果转化、应用推广、人才培养，为入园研发机构提供技术、资金、人才、信息、项目申报等服务，推动产教融合、产学研合作。

第五节　培育高端服务业路径

高端服务业为国际科技合作提供专业化、社会化、市场化的服务，推动科技成果产业化和产业升级高端化。围绕国际物流、国际经贸、双向投资、文旅交流和国际海洋领域国际科技合作，培育研发设计、创业孵化、技术转移、科技金融、知识产权、科技咨询、检验检测、会展等高端服务业。

一、培育创客孵化服务业态

突出创业孵化和知识产权等重点。依托上合创业港、上合厚德创客港、青年创业孵化器、上合双创中心等平台，集聚创客、科技成果、创业信息、创投资金等资源，培育创业孵化服务业。依托上合组织青年创业国际孵化器，完善上合组织国家间科技成果孵化、中试、成果转化体系，为"一带一路"及上合组织国家青年创业企业提供一站式孵化服务。推动科技服务与云平台、移动互联网、物联网相互融合，发展科技众智、众包、众筹、众创新模式，鼓励服务业线上与线下相结合，吸引全球创新资源集聚上合示范区。依托上合法智谷，裁定技术转移、技术交易、科技服务等知识产权纠纷，保护知识产权。

二、引进高端科技服务人才

依托上合人才小镇、人才技术创新中心，引进上合组织国家的优秀人才、青年创业团队及人才，引进欧洲、中亚、东盟等科技服务业高端人才。依托上合人才港，对接上海、深圳、西安、兰州、乌鲁木齐、哈尔滨、昆明、南宁等城市人才市场、科技人才库，建立科技服务人才库。重点引进科技研发、创业孵化、技术交易、科技金融、知识产权、科技咨询、检验检测等服务团队、领军人物。依托上合经贸学院、上合国际人才交流培训中心、青岛大学、山东大学等教育机构，联合上海现代服务业联合会、上海曼谷创新中心、深圳人工智能协会、新疆科技发展战略研究院、西安地学合作研究中心、哈尔滨工程大学等单位异地培训服务人才。

三、夯实现代服务基础设施

建设上合科技合作大厦，完善5G基站、移动互联网、大数据中心等"新基建"，确保入住科研机构、服务企业网络互联、信息共享。加快建设新一代互联网，适度提前铺设宽带光缆，推进Handle根节点项目，积极为"一带一路"沿线国家提供工业互联网国际标识解析服务，打造上合陆海空铁联运数据中心，规划建设上合科技信息中心、上合科技交流中心、上合技术交易中心、上合专利技术中心。

四、搭建服务贸易会展平台

建设上合会展中心，承办上合高新科技成果博览会、国际投资贸易博览会、科技合作洽谈会、科技交流会、科技大赛、新产品交易会等，展示上合成员国新能源、新科技、数字经济、智能制造、数控技术、基础设施、轻工制造、物流、贸易、食品、农业、机械、电子等科技成果，开展线上产品展示、科技展览、商务洽谈。依托上合示范区展馆、特色商品馆、文化旅游展区、交流服务中心等平台，展示上合成员国生态环境、农产品、畜牧业、石油、天然气、矿产资源等，开展科技信息咨询服务。引进印度海德拉巴邦辣椒协会、巴基斯坦经济合作中心等商会、协会，促进国际科技合作、技术交易。

五、培育科技金融服务业态

大力引进金融机构，争取四大银行、政策银行、地方银行、保险公司、证券公司等设立分理处、代办点，引进科创基金、风险投资、天使基金等支持创新创业。建立上合国际科技合作基金，以担保贷款、贴息贷款、经费配套、利润返还、奖励等方式支持国际科技合作。利用先行先试优势，推行"单一通行证"制度，建设高度信息化的跨境支付、结算体系，解决国际科技合作资金跨境难题。支持技术转移中心、科技服务企业上市，通过股市渠道融资。

第六节　新材料产业国际科技合作路径

新材料产业是战略性、基础性产业，也是高技术竞争关键领域。通过上合组织间国际科技合作，打破西方发达国家的新材料技术霸权。在高性能金属新材料、核电材料、极端环境材料和海洋新材料及材料基础理论研究与生产工艺等领域，创新国际科技合作新模式，大力提升新材料技术研发能力和产业能级，支撑区域高新技术产业快速发展。

一、搭建新材料国际创新合作平台

借助创新平台载体，集聚上合、"一带一路"沿线和中日韩等地区新材料领域创新资源。建设国际联合研究中心和"一带一路"联合实验室等，提升青岛市在特种金属材料、极端环境材料、碳纤维复合材料和新能源材料等方面的基础理论研究、工艺开发、产品制备等技术研发水平，突破关键材料"卡脖子"技术和自主创新能力。借助中国-上合组织技术转移中心、国家海洋技术转移中心等国家级区域技术成果交易平台，建设上合组织新材料技术转移中心。联合哈尔滨工程大学、哈尔滨工业大学、独联体国际科技合作联盟等机构，收集整理国内外新材料技术成果，建设新材料资源数据库，服务国内外技术研发产业需求。

二、探索新材料国际科技合作新模式

有效利用国家层面科技合作协议，自上而下推动与上合组织和"一带一路"沿线国家开展新材料技术合作。鼓励上合组织间高校院所加强联系，探索建立新材料技术研发合作攻关新机制。创新技术项目合作模式，从项目经费、组织管理等方面支持非政府组织、个人主导或参与国际科技联合攻关活动。鼓励研究人员勇于担当，成为新材料技术创新活动的主力军。引导企业成为新材料项目国际技术开发的主体，推动企业"走出去""找合作"，实现全球科技资源充分利用。

三、建设新材料国际合作产业园区

发挥青岛区位优势和上合示范区政策红利，吸引上合及周边国家新材料产业优势资源，以海洋新材料、碳纤维材料、极端环境材料等为特色方向，建设新材料产业国际合作园区和基地。加快集聚新材料领域国际科技创新、人才和产业相关要素，形成相关高新技术产业发展的集聚地。积极开展国际产能合作，鼓励橡胶新材料等优势产业优化全球布局，带动产业快速发展。促进上合组织科技创新合作、推进国际技术转移等方面起到引领和示范作用。

四、深化科技人文交流和智库建设

通过构建上合国家科学家联盟、科技人才交流学习培训和科技民间组织合作等科技人员交流方式，建立多领域、多层次、多渠道的人才交流合作机制和网络，大力引进新材料高端人才，吸引优秀外国科学家和团队来华工作、培训或短期交流。加强新材料国际科技合作智库建设，开展前瞻性、针对性、储备性研究，与国外相关机构建立经常性、长期性合作研究与交流机制，共建合作研究平台，构建新材料国际科技创新合作专业智库网络。

第七节　生物医药产业国际科技合作路径

生物医药产业是国家确定的上合示范区重点发展产业方向。青岛生物医药产业整体规模偏小，缺乏龙头企业和知名品牌，高附加值产品比重偏低，缺少特色专利原料药、创新药和生物技术药物。上合示范区应从创建上合组织海洋基地、建设上合组织传染病防治合作基地、集聚生物医药优势资源、建设生物医药产业园境外园区等4个方面开展生物医药国际科技合作。

一、创建上合组织海洋基地

借鉴杨凌建设上合农业基地有关经验，发挥青岛海水养殖、海工装备、海水利用等海洋产业及科研优势，积极开展海洋相关技术培训、人才联合培养、青年科学家来华研修、国际科技特派员计划和举办主题论坛等，打造商务部援外培训基地。

二、建设上合组织传染病防治合作基地

加强与上合组织国家卫生防疫部门合作，积极推动在青岛设立上合组织传染病防治合作基地。继续加深与俄罗斯等国家在新冠病毒防控有关合作，推广我国在疟疾、肝炎、禽流感等各类传染病防治积累的经验，开展传染病预防、中医治疗、疫苗研制等多方面的人才交流、技术合作和技术转移等。

三、集聚生物医药优势资源

发挥青岛邻近日韩的区位优势，充分利用现有日韩等外资企业资源，优化招商引资政策，精准引进生物医药领域的领先企业。支持中国海洋生物医药产业联盟、行业协会等发挥其桥梁纽带作用和资源链接功能，策划组织海洋生物领域的产业论坛、峰会、展会、沙龙、路演、学术交流等活动，吸引上合组织国家关联企业汇聚青岛交流合作。

四、建设生物医药产业园境外园区

支持崂山海洋生物特色产业园、崂山湾国际生态健康城、青岛蓝色生物医药科技园、黄岛海洋生物产业园、青岛九龙生物医药产业园、青岛生命科技产业园等生物医药特色园区，以及黄海制药、华仁药业、易邦生物、海诺生物等优势企业，积极走出去，在上合组织国家建设境外园区，共建联合实验室。

第八节 营造科技合作氛围

良好的园区氛围能够促进国际科技合作和技术转移。产业园氛围营造模式有政策设计模式、营商环境模式、园区品质模式、交通支撑模式、产城融合模式。上合示范区从政策设计、营商环境、园区品质、交通网络、产城融合5个方面营造科技合作氛围。

一、科学设计政策

根据国际科技合作需求，科学设计国际化人才签证、工作、服务、培养政策；围绕技术转移平台设计合作渠道、会展交流、信息服务、基地建设、机构引进、境外设立机构等政策；围绕科技项目设计合作计划、参与国际科研计划、承担国际科研任务、多元化合作等政策；围绕合作环境设计知识产权合作、行业协会参与、中介组织担当、普惠企业等政策；围绕营商环境，设计政务服务标准、考核办法，倒逼政府提升服务水平；设计上合示范区道路交通规划、生态环境保护规划，提升上合示范区生活品质。

二、优化营商环境

政务部门树立服务意识，学习深圳、杭州、苏州等城市先进经验，创新服务模式，打造办事方便、法治良好、成本低廉、竞争力强的营商环境。搭建网上政商互动平台，积极开展线上服务，降低市场准入门槛，简化办理流程，提高营商服务能力。发改委、工信局、市场监督管理局、税务局、科技局、人社局等部门主动到企业调查，了解企业真实需求，解决企业实际问题。法院、检察院等政法部门要完善诉讼服务机制，推进纠纷多元化解，保护企业家合法权益，加强知识产权保护。金融部门要精准开展金融企业对接活动，宣传特色金融产品，创新服务模式，开发信贷产品，增加信贷规模，提升金融服务企业质量。

三、提升园区品质

提高交通、道路、卫生等园区管理水平。规范道路划线，合理布局交通信号灯，加强道路巡查，增加摄像头数量，解决路边车辆乱停乱放问题。上合示范区城市管理部门加强巡查力度，科学统筹方便生活、繁荣市场和提升品质三者关系，规范摊位摆放、垃圾收集、电线布线。提升居住小区管理水平，规范垃圾桶放置位置，规划建设绿地公园，合理布局公共厕所。制定地下管廊规划，尽早建设地下管廊，让雨水管道、排污管道、电力电线、信息线路、供水供热、天然气等管线入地，解决地表水污染问题。

四、强化交通支撑

提升与西海岸新区、北岸高新区、东岸城区的联通能力，建设方便快捷的集高铁、公交、地铁、海运为一体的交通体系。推动上合示范区与胶州北高铁火车站建立高铁专线。增加上合示范区与胶州、黄岛、红岛高新区、东岸城区等公交线路与发车密度，畅通示范区内"微循环"。推进地铁12号线早日启动，与地铁6号线无缝连接。完善上合示范区道路基础设施，推进道路打通攻坚行动计划，打通辽河路、淮河路与淮河支路，黄河路与长江路，湘江路与九龙街道，淮河支路联通交大大道、幸福街、为民街、创新大道。加快建设交大大道地下快速通道，在交大大道和淮河路等人流密集交叉口建设过街天桥。

五、完善生活设施

建设生态宜居的上合示范区。扩大人才公寓建设规模，为引进科技人才提供住房。建设几所小学、幼儿园，为引进科技人才和职工解决子女入学难题。积极引进商场、中型超市，解决日常购物难题。着力引进中小型医院，解决员工日常看病难题。给予首批落户上合示范区的学校、商店、医院、体育馆、物业公司3年优惠政策，吸引学校、医院、商场、创客，集聚人气，解决科技人员家属就业难题，让科技人才"来到上合""干在上合""住在上合"。

第一节 总体政策布局

建设上合示范区是习近平总书记和党中央交给青岛的重大任务，是青岛提高对外开放水平、推动高质量发展的重大历史机遇。青岛上合示范区毗邻日韩，是"一带一路"新亚欧大陆经济走廊和海上合作战略双节点，同时青岛还有自贸区青岛片区、黄河流域高质量发展等国家战略叠加，区位优势和战略重要性令上合示范区站在了中国新一轮高水平对外开放的最前沿，也站在了未来国际科技合作的最前沿。

《中国－上海合作组织地方经贸合作示范区建设总体方案》指出，要鼓励企业与上合组织国家相关城市的企业和研究机构合作，推动上合组织国家科技成果转移合作，加强技术研发中心及孵化载体建设，推进项目孵化与企业培育。在国家、省市相关政策支持下，上合示范区聚焦建设"四大中心"和海洋科技合作，科技合作发挥了重要的推动作用。尤其是在以海带陆、以陆促海，搭建上合组织国家海洋科技国际合作平台方面，上合示范区围绕海洋科技合作、开展海洋资源综合利用合作、海洋生态环境保护、培育海洋科技人才、加速建设中白海洋新型光电技术创新中心、中俄海洋环境观测与资源探测技术创新中心、中乌海洋声学技术中心等国际创新中心和中德海洋新材料技术中心，助力青岛市建设全球海洋中心城市。

上合示范区建设总体方案批复以来，省直有关部门和青岛市做了大量工作。但课题组调研发现，上合示范区内的机构对于当前的科技合作政策难言满意，对技术链、人才链、资金链和政务环境都存在相当程度的不满意；上合示范区科技合作人才资源匮乏、发展生态欠佳问题突出。因此上合示范区科技合作政策有待进一步完善和优化。

上合示范区应紧盯国家战略，积极融入全国、全省开放大局，发挥政府机构、学术机构、产学研组织、大中小企业等不同主体的作用，突出打造科技创新国际化特色，形成并完善整体结构合理、综合效应优化、政策目标与手段耦合、兼具针对性和系统性的"1+3+N"政策体系。

其中"1"是以《中国-上海合作组织地方经贸合作示范区建设总体方案》为指引，出台一项上合示范区科技合作战略总体性规划；"3"是综合运用供给型、环境型和需求型3类政策工具，搭建土地、资金、人才、信息等资源供给，财税、金融、法规等方面的环境营造，积极开拓并稳定应用市场的需求政策工具为主要内容的政策体系；"N"是指N类具体的专项政策，包括教育培训、基础设施建设、资金投入和公共服务、金融支持、税收优惠、知识产权、法律规章等方面。通过"1+3+N"政策体系，在平台建设、技术转移转化、创新链与产业链融合、财税金融支持、人才队伍建设、创新环境营造等方面集聚国际化创新资源，优化国际科技合作生态，打造国际化创新型新区标杆。

一、总体思路

以习近平新时代中国特色社会主义思想为指导，全面贯彻党的十九大和十九届二中、三中、四中、五中、六中全会精神，紧紧围绕统筹推进"五位一体"总体布局和协调推进"四个全面"战略布局，坚持以人民为中心的发展思想和新发展理念，深入落实党中央、国务院决策部署，深刻把握建设上合示范区的重要意义，服务国家对外工作大局，强化地方使命担当。加快落实上合组织青岛峰会重要成果，深度融入"一带一路"建设，拓展青岛与上合组织国家相关地区间的交流合作，把上合示范区建设成国际多双边框架下地方科技合作样板，力争在国家开放新格局中发挥更大作用。

二、目标定位

充分发挥上合示范区在青岛口岸海陆空铁综合交通网络中心的区位优势，统筹海港、陆港、空港、铁路联运功能，更好发挥青岛市在"一带一路"新亚欧大陆桥经济走廊建设和海上合作中的作用，着力推进国际科技合作。近期目标是立足与上合组织国家相关城市间交流合作，通过建设区域物流中心、现代贸易中心、双向投资合作中心和商旅文交流发展中心，以及海洋科技合作，打造上合组织国家面向亚太市场的"出海口"，建设上合组织国家城市科技交流合作示范区。中远期目标是努力把上合示范区建成与上合组织国家相关地方间科技合作制度创新的试验区、企业创业兴业的聚集区、"一带一路"地方经贸合作的先行区，打造新时代对外开放新高地。

第二节　向国家争取政策

一、积极争取设立总领事馆和秘书处常设办事机构

优化全方位融入上合组织国家合作的协调机制。建议参照东盟国家在广西南宁设立总领事馆的方式，积极争取推动上合组织国家在青岛设立总领事馆，并争取上合组织秘书处在青岛设立常驻办事处或协调机构，拓展上合示范区国际交往与合作的深度和广度。

二、推动上合示范区技术转移中心建设

支持上合示范区技术转移中心建设，建立科技资源数量、分布和使用情况数据库。建设发展急需的科技基础设施，引导更多优质科技、产业资源和项目在此集聚。促进科技成果向海外转移转化。设立上合示范区国际科技合作专项，支持以企业为主体，联合国内外知名高校院所和头部企业开展联合研发，加快形成国际一流产业创新能力。

三、支持科技金融创新

支持打造中国—上合金融服务平台。设立国际科技合作基金、产业创新基金，鼓励社会资本设立多币种创业投资基金、私募股权投资基金。支持在上合示范区开展跨境人民币结算业务。解决国际科技合作资金跨境难题。

四、优化吸引和集聚国际高端人才政策

对在上合示范区工作的境内外高端人才和紧缺人才其个人所得税负超过15%的部分予以免征。实施工作许可制度，工作许可证在有效期内，兼职工作无须重新申办或变更工作许可证。开展外国高端人才服务"一卡通"试点，推动外国人永久居留证件和社会保障卡的社会化应用。对外籍高层次人才及家属、创新创业团队的外籍成员和企业选聘的外籍技术人才，经相关主管部门推荐，可直接申请在华永久居留资格。依法合理优化外籍高端人才及其家属出入境和在华居留许可手续。支持示范区试点探索科研专家执业资格注册办法。

放开境外人员参加职业资格考试限制，允许取得境外职业资格或公认的国际专业组织资质（除注册会计师、法律服务等领域外）的国际人才，通过技能认定后直接为示范区内企业和居民提供专业服务；建立灵活有效的薪酬激励机制。建议参考海南自贸区政策，建立外国人工作许可负面清

单管理制度。负面清单分为禁止类和限制类，对负面清单中的限制类实行配额管理，根据发展需要、当地就业市场供求状况等建立配额动态调整机制，在配额总量控制下对限制类工作许可进行自主审批。

五、完善企业所得税优惠政策

对上合示范区符合条件的产业企业减按15%的税率征收企业所得税。对企业符合条件的资本性支出，允许在支出发生当期一次性税前扣除或加速折旧和摊销。对在上合示范区核心区内设立的高新技术企业和现代服务业企业的新增境外直接投资所得，免征企业所得税。

六、探索开展药品制度创新

探索开展药品审评审批制度改革。试点实施上市许可和生产许可分离的药品上市许可持有人制度，允许上市许可持有人委托生产企业生产药品。允许示范点机构少量使用在上合组织国家、欧盟、美国、日本已批准上市但在国内尚未注册的药品，鼓励治疗危急重症新药在医疗中心开展临床试验。探索表明实施难度很大，争取先行先试。适当放宽示范区试点机构开展具有技术难度大、风险高等特点的技术临床应用的条件，简化备案材料要求。吸引医疗卫生领域国际先进技术和产品，为周边提供先进的医疗服务，为上合组织国家在青工作或来青康养提供高端医疗条件，同时推动中医走出去，提高示范区的人气和活力。

七、开展生物医药管理流程创新试点

鼓励开展上合组织国家高新技术产业对接合作，促进民用高新技术转移和合作。围绕示范区建设在服务创业兴业方面，以支持新产业、引领新业态为目标，以建立新规制、打造新布局为抓手，主动量身定做，出台支持举措。优化区内生物医药全球协同研发试验用特殊物品的审批和检疫查验流程，对生物医药产业研发试验类入境样品实施风险分级管理。上合示范区内有医药产业园区，计划与俄罗斯、印度等上合组织国家开展相关合作。建议优化区内生物医药全球协同研发试验用特殊物品的审批和检疫查验流程，对生物医药产业研发试验类入境样品实施风险分级管理。建立新药研发用材料、试剂和设备进口绿色通道，对低风险入境特殊物品允许一次审批，多次核销。鼓励科创型生物医药企业发展，满足民生需求。

第三节　专项政策与关键突破

一、支持高水平国际科技创新平台建设

（一）建设高端研发平台

以"一核引领、全域联动"建设高水平研发平台，成为与上合组织国家资源耦合的桥梁纽带，实现创新驱动核心区发展，并逐步辐射青岛和山东全域。支持跨国公司在上合示范区设立全球研发中心、区域研发中心或开放式创新平台，鼓励国（境）外知名高校院所、企业等设立或合作成立实验室、研发中心、创新中心、企业技术中心和博士后科研工作站等创新平台，加强关键共性技术、前沿引领技术、现代工程技术、颠覆性技术联合攻关。支持区内高校院所、企业建设国家或省级重点实验室、技术创新中心和临床医学研究中心，对新获批的给予配套资金支持。支持国内外知名高校院所、企业设立以产业技术研发为主的新型研发机构，新型研发机构在职称评审等方面享受市属科研机构相关政策，进口仪器设备可按相关进口税收政策规定享受免税。对新认定和通过科技部定期评估的国家国际科技合作基地以及对评估优秀的省、市国际科技合作基地按规定给予奖励。

（二）鼓励建设海外研发中心

鼓励区内企业通过独资、并购、参股等多种形式，在"一带一路"沿线国家建设运营研发中心、实验室、技术转移中心等机构，或建设海外科技企业创新孵化基地，充分利用国外高端创新资源，就地引进和使用国外高端人才参与科技创新、技术转移、成果转化和经营管理等。鼓励青岛市高校院所、企业与上合组织国家的高校院所、企业建立联合研发中心、实验室、技术转移中心等机构，推动我国科技研发阵地全球化和创新成果本地化，促进我国优势技术成果加速在上合组织国家转移转化。被科技部认定为"一带一路"联合实验室的，给予配套支持。

（三）支持承担重大国际科技合作任务

鼓励高校院所、企业在国家政府间科技合作联委会等机制下开展国际科技交流与合作，瞄准国家国际科技合作的重点领域和目标，参与承担科技合作任务，在国家各类科技计划的支持下，提高技术创新起点，提升合作层次与水平。鼓励承担上合组织科技伙伴计划等国家国际科技合作科技伙伴计划，参与相关国家科技基础能力建设，开展技术示范与推广、技术培训、技术服务、联合研发等方面的合作。支持开展国际科技项目联合研发，鼓励高校院所、企业与海外研发机构、科学家联合申报国家、省、市科技计划项目。设立上合示范区国际科技合作专项，支持以企业为主体，联合国内外知名高校院所和头部企业开展联合研发，加快形成国际一流产业创新能力。

二、促进国际技术转移转化

（一）鼓励建设国际化创新创业孵化平台

引进国内外知名孵化运营机构共建国际孵化器、离岸孵化器等，加强与境外创业服务机构对接，发挥境外机构的全球资源整合能力，建立跨境创新孵化平台。依托平台，链接全球创新资源，发掘筛选海外原创技术和项目，推动成立联合研究机构，开展跨境创新创业生态系统研究，指导跨境创新创业孵化体系建设，推进科技成果转化落地。支持有条件的头部企业、高校院所等单位建设专业孵化器，促进各类创新主体融通发展。对新认定的国家孵化器、众创空间给予奖励。

（二）加快推进中国—上合组织技术转移中心建设

支持中国—上合组织技术转移中心搭建技术交易管理、科技政策库、大数据中心、在线培训、活动中心等多个子系统和智能制造、新能源、生物医药、农业新品种等技术转移分平台，通过提供检索、咨询、代理、评估、法律服务、融资、谈判、交易等全链条服务实现国际技术转移。建设"市场化、国际化、专业化"的一站式服务和分布式发展的合作新平台，支持探索上合组织国家技术转移中心"1+N"模式，形成以青岛为轴心的跨区域、跨领域、跨机构的技术流通与转化新格局，打造上合组织国家最具影响力的对外多边科技合作与技术转移专业服务平台，成为上合组织国家科技创新服务体系建设的标杆。

（三）建立跨境技术交易体系

支持复制推广自贸试验区服务业扩大开放举措，支持引进国内外知名技术转移服务机构和国际技术转移项目。鼓励各类中介机构为技术转移提供知识产权、法律咨询、资产评估、技术评价等专业服务，培育一批具有示范带动作用的技术转移机构。鼓励中介机构参评高新技术企业，符合相关标准被认定为高新技术企业的，可按规定享受相关税收优惠政策。鼓励社会资本以独资、合资、收购、参股、联营等方式投资中介机构。加大政府购买服务力度，支持通过购买中介机构的服务引进急需紧缺人才、国外先进技术以及输出我国优势技术、搭建国际科技合作交流平台、举办国际科技论坛赛事等事项。鼓励开展技术价值评估、场内外交易等综合技术跨境交易服务，研究符合国际标准的跨境技术交易体系，探索建立符合国际通行规则的跨国技术转移和知识产权分享机制。支持企业应用国际互联网数据专用通道，鼓励参与数据跨境流动、数据开发应用和商品化、数据交易等试点，打造全价值链数字运营服务体系。

（四）建立与国际接轨的知识产权服务体系

加大知识产权保护力度，精准制定国际科技合作方面知识产权保护措施。开展外国专利代理机构设立常驻代表机构试点工作，针对知识产权代理、法律服务和信息检索分析等领域，引进国际知名服务机构，提升知识产权服务国际化水平。结合区内产业特色，搭建针对性强、便利化的知识产权公共服务平台，建立知识产权服务工作站，构建一体化的知识产权信息公共服务体系。支持企业申请PCT国际专利、商标马德里国际注册、工业品外观设计国际注册，开展国际专利布局，参与国际标准制定和研究，拓展海外市场。建立知识产权质押融资风险补偿机制，探索开展知识产权证券化、无形资产租赁等业务。建设知识产权保护中心，为示范区内"走出去"企业保驾护航，积极拓展知识产权海外维权、专利预警、导航分析等服务能力，为新一代信息技术、新材料产业领域的备案企业提供专利快速预审服务。探索国际数字产品专利、版权、商业秘密等知识产权保护制度建设。建立专利快速审查、快速确权和快速维权的协同保护体系。会同法院、公安、商务、海关等部门建立行政司法衔接、联合执法、进出口执法协作等机制，发挥知识产权仲裁一裁终局、专家办案的优势，形成多元化知识产权纠纷解决机制，构建知识产权大保护体系。

（五）打造高层次技术转移人才队伍

鼓励大学和科研院所适当调整学科和课程设置，将技术转移、知识产权等纳入学历教育。依托青岛大学、中国–上海合作组织经贸学院等驻青高校共建国家技术转移人才培养基地，开展技术市场管理和技术转移从业人员职业培训，重点培养中高级技术经理人和科技成果评价队伍。将高层次技术转移人才纳入创业创新领军人才计划支持范围。

（六）创新科技成果转化机制

深化科技成果使用权、处置权和收益权改革，支持高校院所开展赋予科研人员职务科技成果所有权或长期使用权改革试点，探索形成市场化赋权、成果评价、收益分配等制度。竞争性科研项目中用于科研人员的劳务费用、间接费用中的绩效支出，经过技术合同认定登记的技术开发、技术咨询、技术服务等活动的奖酬金提取，职务科技成果转化奖酬支出，均不纳入事业单位绩效工资总量。鼓励高校以市场应用为导向，建设独立法人的技术转移转化基地，开展概念验证和科技成果中试熟化，按照年度绩效评价结果择优给予综合奖补。建立企业技术需求清单，以政府购买服务、后补助等方式，促进科技成果转化中试。

三、强化产业链和创新链融合发展

（一）推动产业重大项目和平台集聚

聚焦集成电路、新型显示、虚拟现实、人工智能、生物医药及医疗器械、智能制造装备、先进高分子及金属材料、精密仪器仪表、通用航空、氢能与储能、现代农业等新兴产业重点领域大力引进国内外知名领头企业以及相关领域的重点科研院所、标准制定企业、检验检测机构、计量测试平台等功能型支撑平台。支持区内企业联合研究机构和行业上下游共建省、市创新创业共同体，通过认定的给予资金支持。支持区内企业推进国际协同研发，加速产业关键核心技术攻关及成果转化，积极融入全球供应链、创新链和价值链，打造参与全球产业创新竞争的重要平台和高新技术产业化基地，承载标志性重大项目。

（二）推进智能应用

促进制造业数字化智能化转型，支持建设工业互联网平台，加大信息技术应用创新适配中心和运维服务等公共服务平台建设力度。促进智能终端产品研发及产业化，支持工业互联网服务商和"上云上平台"标杆企业发展。加快新一代信息基础设施建设，探索构建安全便利的国际互联网数据专用通道。围绕数字制造、智慧交通、智能治理，推动应用场景开放。应用区块链等数字技术系统规范跨境贸易、法律合规、技术标准的实施，保障跨境贸易多边合作的无纸化、动态化、标准化。依托区块链技术应用，整合高精尖制造业企业信息和信用数据，打造高效便捷的通关模式。探索建立允许相关机构在可控范围内对新产品、新业务进行测试的监管机制。

（三）培育布局未来产业

支持超前布局基因技术、未来网络、类脑智能、量子信息、深海开发、空天信息、海洋物联网等未来产业新技术的研发应用。加快推进生物创新药物、新型基因工程疫苗及快速检测设备研发，开发高端医学影像设备、微创手术器械、医疗低温存储设备、高端医用材料等数字诊疗装备。着力突破智能机器人、增材制造、激光制造、网络协同制造等智能制造技术，开发移动机器人、协作机器人、微纳3D打印等智能制造装备及基础部件。面向碳中和发展目标，布局氢能、燃料电池等先进能源，推动建立绿色低碳能源供给体系。促进云计算、大数据、物联网、AI、5G与实体经济、制造业的系列化融合应用。

（四）培育壮大高新技术企业规模

针对制约科技型企业从初创、成长到发展壮大各阶段的瓶颈，提供精准靶向扶持。示范区管理机构按照统一标准，对区内符合条件的从事新一代信息技术、生物医药、新能源新材料、现代海洋等重点领域核心环节生产研发的企业，积极认定国家高新技术企业和市级高新技术企业培育入库企业。落实高新技术企业所得税优惠、研发费用加计扣除等政策。加强对高新技术企业服务指导，建立动态管理的上市培育库，"一企一专班"开辟上市绿色通道，搭建"发现一批、服务一批、推出一批"的高企上市培育机制，逐步形成良好有序的企业发展梯队。遴选一批成长性好、掌握核心技术、发展潜力大的高新技术企业，采取"一企一策"方式靶向服务，培育成长为具有全球竞争力和知名度的创新型领军企业。

（五）实施科创企业"双长制"

落细落实产业链链长和产业联盟会长"双长制"，以关键核心技术为突破口，围绕新材料、生命健康等产业，建立产业链"链长制"责任体系，提升"补链"能力。每一条产业链细化、实化、具体化，绘制产业链、技术路线、应用领域、重点招商"四张图谱"，厘清重点事项、重点园区、重点企业、重点项目"四张清单"，统筹好承载平台、科技创新、精准招商、应用场景等。设立重点产业"卡位入链"发布厅，开展常态化"卡位入链"对接交流会或应用场景展示活动，"链（盟）主"企业尤其是本土龙头企业发布供应链配套、协同创新等需求，推动中小企业更好融入龙头企业产业链，为产业链提档升级、技术创新提供人才、技术等要素支持，打造"参天大树"与"灌木丛"共生的产业链协同发展生态，加快培育一批具有核心竞争力和特色优势的科创产业集群。

（六）鼓励土地集约利用

推动产业集群在空间上高度集聚、上下游紧密协同、供应链集约高效。鼓励土地节约集约混合利用。探索实行混合用地、创新型产业用地等政策，推进工业、研发办公、中试生产等功能混合，引导科技研发、企业总部管理等创新功能加快集聚。

四、加大金融支持力度

（一）建立科技创新专项资金

整合市区两级专项资金，建立上合示范区科技创新专项发展资金，统筹用于区内各类科技创新研发、创新平台建设、成果转移转化、国际科技合作、人才引进培养、科技基础设施建设等。通过专项发展资金，加大对研发创新、技术改造、新产品应用等的支持力度，对重点产业领域核心创新团队给予奖励。对特别重大的项目，区管理机构可采用"一事一议"的方式，申请各专项资金给予支持。

（二）支持打造中国-上合金融服务平台

发挥市场主体作用，创新国有和民营合作方式，探索技术、资本、市场、产品相融合的科技金融结合新模式，以综合性金融发展推动科技合作。利用国际科技合作等基金引导国内外高端团队和原始创新项目到上合示范区落地转化和发展。发挥好市科创母基金作用，加强同国际知名投资机构合作，鼓励和引导国际国内多方资源更多投向基础研究和战略性技术研发，促进创新链、产业链、资金链深度融合。不断吸引更多优质社会资本，形成覆盖种子期投资、天使投资、风险投资、并购基金等基金系，对于投资早期"硬科技"的引导基金，建立子基金注册绿色通道。探索建设中小微企业全要素公益性金融服务平台，为各类科技创新型企业构建更高质量的服务体系，提供更加专业化、更具创新型的优质金融服务。

（三）支持在上合示范区开展资金便利收付的跨境金融业务

在风险可控的前提下，按照法律法规规定，借鉴国际通行的金融监管规则，进一步简化优质科技型企业跨境人民币业务办理流程，推动跨境金融服务便利化。研究开展账户本外币一体化功能试点，探索上合示范区内资本自由流入流出和自由兑换。支持示范区内企业参照国际通行规则依法合规开展跨境金融活动，支持金融机构在依法合规、风险可控、商业可持续的前提下为示范区内企业和非居民提供跨境金融服务。示范区内企业和非居民从境外募集的资金、符合条件的金融机构从境外募集的资金及其提供跨境服务取得的收入，可自主用于示范区内及境外的经营投资活动。支持符合条件的金融机构开展跨境证券投资、跨境保险资产管理等业务。

（四）支持开展外部投贷联动和科技融资担保、股权质押、知识产权质押等金融服务

鼓励商业银行设立科技支行，大力推广"投（保）贷"等各类科技金融产品。鼓励创新融资担保支持方式，加大市政策性融资担保基金对区内中小企业的支持力度。支持开展政府投资基金股权投资退出便利化试点。探索融资租赁服务装备制造业发展新模式，支持进口租赁国内不能生产或性能不能满足需要的高端装备。在符合国家有关规定的前提下，开展境内外租赁资产交易。鼓励融资租赁企业在区内设立项目子公司。支持外资保险经纪公司参与开展关税保证保险、科技保险等业务。探索建立公允的知识产权评估机制，优化知识产权质押登记服务，完善知识产权质押融资风险分担机制以及方便快捷的质物处置机制。

五、建设国际科技合作人才高地

（一）赋予示范区人才管理更大权限

在青岛顶尖人才引进计划、集聚海洋高端人才行动计划等人才计划的基础上，制订颁布上合示范区人才引进培育计划。聚焦山东省、青岛市和上合示范区产业需求和重点产业布局，编制发布需求职业清单和《上合示范区紧缺人才目录》。

赋予示范区管理机构外籍人才加分权。经示范区管理机构认定的外籍人才，可享受外国人来华工作许可和外国人才签证计点积分鼓励性加分。实行工作许可、签证与居留信息共享和联审联检。推进建立人才服务中心，提供工作就业、教育生活服务，保障其合法权益。

（二）大力集聚海外青年人才

在国（境）外高水平大学取得本科及以上学历的优秀外籍毕业生，可直接在示范区工作。驻青高校在读外籍留学生可在示范区兼职创业。对拟在区内创办企业的外籍留学人员，直接给予工作许可，并视同工作经历。对区内管理机构推荐的紧缺急需留学类项目，实施"直通车"制度，给予专项资金优先支持。鼓励区内企业按照有关规定，招收外籍实习生。对拟长期在示范区工作的高科技领域外籍人才、外国技能型人才和符合示范区产业发展方向的单位聘雇的外籍人才，放宽年龄、学历和工作经历的限制，经许可，一次性给予2年以上的工作许可。

（三）优化国外人才出入境制度

在有效防控涉外安全风险隐患的前提下，实行更加便利的出入境管理政策。优化出入境边防检查管理，为外籍高层次人才投资创业、讲学交流、经贸活动提供出入境便利。适度增加免签过境时间和扩大免签过境国家范围。将外国人免签入境渠道扩展为外国人自行申报或通过单位邀请接待免签入境。放宽外国人申请免签入境事由限制，允许外国人以科研、商贸、访问、探亲、就医、会展、体育竞技等事由申请免签入境上合示范区。完善国际人才评价机制，对外籍人员赴上合示范区的工作许可实行负面清单管理，放宽外籍专业技术技能人员停居留政策。示范区内经贸、科技人员可向审批机关申请办理一次审批、一年多次有效出国任务批件。

（四）制定海外人才分类管理办法

完善外国人才评价标准。在国家、山东省、青岛市将外国人才分3类认定的基础上，综合运用薪酬税收等市场认可标准和专业社会认可标准，根据上合示范区自身实际，将国外人才细分为5类，涵盖经济社会发展需要的高层次人才和急需紧缺人才，符合"高精尖缺"和市场需求导向的科学家、科技领军人才、国际企业家、专门人才和高技能人才等，以及符合上合示范区职业清单需求的单位聘雇并担保的行业高级专业人才。

六、构筑开放包容的创新环境

（一）搭建高层次合作交流平台

积极拓展与"一带一路"沿线及相关参与国家的科技创新合作渠道，建立多边或双边政府间合作平台，在政策、法律、资金、标准、知识产权、前沿技术、国际合作等方面形成长效交流机制。争取更多国际科技组织或其分支机构落户上合示范区，为与相关参与国家的高校院所、企业、服务机构之间开展合作创造高层次交流平台。支持上合技术转移中心承担上合科技合作与技术转移大会、上合青年创新创业大赛、国别与专业技术交流活动等上合科技合作与技术转移的会议和专项活动，加强上合组织国家在科技创新与人文领域的了解与互动，促进国际科技合作与技术转移、双向投资与商贸向更高层次提升。

（二）推进投资自由化便利化

对外商投资实行准入前国民待遇加负面清单管理制度，在区内研究放宽数字经济、生命健康和新材料等战略性新兴产业集群市场准入。试行跨境服务贸易负面清单管理模式，在科研和技术服务、电信、教育等领域加大对外开放力度，放宽注册资本、投资方式等限制。探索通过科技型企业

"白名单制度"等方式拓展自由贸易（FT）账户政策适用范围至上合示范区，促进FT账户服务实体经济。推动服务外包向高技术、高品质、高效益、高附加值转型升级，加快信息服务、文化贸易、技术贸易等新兴服务贸易发展，探索以高端服务为先导的"数字+服务"新业态新模式。完善境外投资政策和服务体系，为优势技术和产业走出去开拓多元化市场提供优质服务。支持设立国际产品标准中心和行业技术标准中心（秘书处），推动技术、标准、服务、品牌走出去。

（三）支持区域医疗中心试点建设

以上合示范区投入使用的三甲医院和规划建设的生物医疗及养生康复为主的生命养护中心为基础，同时吸引欧、亚地区多家医疗中心、健康管理中心及康复医学中心入驻，打造一个多元化功能布局，具有国际性的高品质复合型的医疗科研平台。建设智能器械、精准医学、医疗机器人、检测研发、康复服务、干细胞与再生研究等智能医疗细分业态的医疗综合体。

（四）建设国际科技合作信息资源共享平台

发起建立省级国际科技合作信息资源共享联席会议制度，制定上合示范区与省内区域科技合作资源共享倡议，构建全省各层级各地市国际科技合作网络，打通区域间和部门间数据信息壁垒，推动实现省内跨地区、跨部门、跨层级国际科技合作信息数据共享和业务协同。支持上合示范区内单位和省内单位在科技项目、团队、平台、人才培养等多方面联手合作，定期更新高层次人才、专利技术和科研设备等国际科技合作交流情况，将科技资源向社会发布，实现国际科技资源信息的有效传播。支持上海合作组织国际创新和产能合作资源数据库建设，汇聚集成电路、新型显示、虚拟现实、人工智能、生物医药及医疗器械、智能制造装备、先进高分子及金属材料、精密仪器仪表、通用航空、氢能与储能等新兴产业以及基因技术、未来网络、类脑智能、量子信息、深海开发、空天信息、海洋物联网等未来产业的技术、项目、人才等信息，成为科技信息资源汇总、更新、查询、项目对接为一体的上合组织国家最具权威的国际创新和产能合作资源数据共享服务平台。建设上合国际人才大数据中心，整合各部门人才信息，加强企业、院校人才需求信息采集，实现人才供需趋势、产才供需配比等数据的深度分析，开发人才创新创业平台地图，将政策、平台、资金、项目、人才、岗位、仪器设备、技术产品等信息串联整合，多语种发布创新创业信息，为各类人才提供实时、精准、同步的数据信息服务。

（五）推动国际互联网数据跨境安全有序流动

加快5G、IPv6、云计算、物联网、车联网等新一代信息基础设施建设，提升上合示范区内宽带接入能力、网络服务质量和应用水平，构建安全便利的国际互联网数据专用通道。支持上合示范区聚焦科技、物流、贸易、投资、商旅等关键领域，试点开展数据跨境流动的安全评估，建立数据保护能力认证、数据流通备份审查、跨境数据流通和交易风险评估等数据安全管理机制。开展国际合作规则试点，加大对专利、版权、企业商业秘密等权利及数据的保护力度，主动参与全球数字治理交流合作。探索优化对科研机构访问国际学术前沿网站的安全保障服务。

（六）健全风险管理制度

健全风险防范责任机制，坚持底线思维，强化重大风险防范的政治责任和履责能力。建立涵盖上合示范区管理机构、行业主管部门、区内企业和相关运营主体的一体化信息管理服务平台。聚焦科技、投资、贸易、金融、网络、生态环境、文化安全、人员进出、反恐反分裂、公共道德等重点领域，进一步完善外商投资安全审查、反垄断审查、行业管理、用户认证、行为审计等管理措施，在风险研判和防控中加强信息技术应用，建立联防联控机制，实施严格监管、精准监管、有效监管。建立检疫、原产地、知识产权、国际公约、跨境资金等特殊领域的风险精准监测机制，实现全流程的风险实时监测和动态预警管理。完善信用评价基本规则和标准，实施经营者适当性管理，按照"守法便利"原则，把信用等级作为企业享受优惠政策和制度便利的重要依据。建立主动披露制度，实施失信名单披露、市场禁入和退出制度。

参考文献

［1］司月芳，王岱，王丰.对华跨境技术转移影响因素研究［J］.地理科学，2019，39（2）：259-266.

［2］刘彬，李群.国内外技术转移与交易综合科技服务模式对江西的启示［J］.科技广场，2020（5）：79-86.

［3］巢俊，徐欣，秦小娟.基于供方视角的技术转移模式分析［J］.江苏科技信息，2021（7）：27-29.

［4］姜振军，赵东旭."一带一路"视阈下中国东北与俄罗斯远东地区经济合作的问题与机遇［J］.商业经济，2019（4）：1-3，98.

［5］宁智超，李垠广，于泽，等.依托产业园平台开展先进技术转移模式研究［J］.军民两用技术与产品，2021（1）：29-33.

［6］张泽涛，刘尔思.企业跨境技术转移合作中知识产权保护研究［J］.项目管理技术，2020（3）：62-66.

［7］周行，李小红，黄艳芳，等.广西与缅甸农业科技合作现状及展望［J］.热带农业科学，2020（10）：133-139.

［8］许鸿.深化云南自贸区对缅甸科技创新合作进入快车道［J］.产业科技创新，2020（1）：31-38.

［9］刘进，钟小琴."一带一路"沿线国家的高等教育现状与发展趋势研究（三十八）——以缅甸为例［J］.世界教育信息，2020（5）：55-61.

［10］王思雨，赵彬伶.中国对缅甸直接投资的贸易效应研究［J］.现代商业，2021（20）：32-34.

［11］李艳芬，陈燕凤，林明凤.广东与泰国经贸合作情况与建议［J］.中国经贸导刊.2021（6）：21-22.

［12］杨晨，张蕾."一带一路"下中国企业对泰国农业投资实践与启示［J］.北方经贸，2020（9）：28-30.

［13］李晓灿.中国与泰国农产品贸易发展提升路径研究［J］.农村经济与科技，2020（13）：155-158.

［14］姜羽歆.中泰两国留学生教育及深度合作的战略举措［J］.科教导刊，2020（19）：11-13.

［15］王武青.RCEP成员国产业发展水平研究［J］.亚太经济，2021（3）：62-73.

［16］陈培昌，马健."一带一路"倡议下中马经贸关系现状及动因解析［J］.江苏商论，2021（4）：38-41.

［17］钦文博."印太战略"视角下中马经贸关系的回顾与展望［J］.江苏商论，2021（7）：49-52.

［18］王领，张眉.中国对马来西亚工业制成品出口增长效应分析——基于修正CMS模型的实证研究［J］.经济论坛，2021（6）：104-111.

［19］张家栋."孟不印尼"合作倡议及其发展趋势［J］.南亚东南亚研究，2021（2）：50-63.

［20］阎德学.上海合作组织经济合作：成就、启示与前景［J］.国际问题研究，2021（3）：85-106.

［21］郑李昂，李豫新.丝绸之路经济带沿线省区科技创新效率及影响因素研究——基于随机前沿模型的实证分析［J］.经济视角，2020（3）：70-77.

［22］李恒，孙伟卿.新疆与中亚五国及巴基斯坦电网互联基础条件分析［J］.能源研究与信息，2021（2）：93-99.

［23］吴超，李沛，谢伟.中巴航天合作的友谊之星［J］.中国航天，2021（8）：34-38.

［24］忻红，李振奇.中国-中东欧国家科技创新能力及科技合作研究［J］.科技管理研究，2021（9）：27-35.

［25］杨习铭，杨艳凤.中国新疆与巴基斯坦产能合作的现实基础与路径选择［J］.新疆社科论坛，2021（2）：78-83.

［26］李芳芳，李豫新，李婷.中国新疆与中亚国家农业区域合作存在的问题及制约因素分析［J］.世界农业，2011（11）：10-14.

［27］孟宪实.中国与南亚之间的丝绸之路——以唐代取经僧人的记录为中心［J］.敦煌研究，2021（3）：24-31.

［28］李豫新，王昱心.中国与"一带一路"沿线国家农产品产业内贸易影响因素实证分析［J］.价格月刊，2021（2）：21-29.

［29］曾向红，杨恕.中国中亚研究30年来进展评估［J］.国际观察，2020（6）：66-98.

［30］李道军，胡颖.产业梯度差异与中哈产能合作产业选择［J］.技术经济与管理研究，2021（7）：115-119.

［31］郭辉，温清.哈萨克斯坦工业集聚和地区分工对中哈产能合作的挑战［J］.东北亚经济研究，2021（1）：46-61.

［32］李婷.我国与土库曼斯坦科技合作前景探析——基于共建"丝绸之路经济带"视角［J］.经济师，2020（6）：69-70.

［33］杨进.新时代中国与塔吉克斯坦战略对接合作评析［J］.丝路百科，2021（3）：16-25.

［34］王琼，王田田，合斯莱提·斯马依."一带一路"背景下中哈两国农业合作SWOT分析［J］.国际商务论坛，2021（8）：42-46.

［35］颜璐，曹冲，赵向豪.中国对中亚五国的农产品出口规模、结构和质量研究——基于"一带一路"背景［J］.价格月刊，2021（8）：48-59.

［36］郭生鹏，袁伟，张燕飞，等.中土农产品贸易合作研究［J］.合作

经济与科技，2021（12）：82-83.

［37］岳萍.试论中亚五国科技创新能力状况及同中国的科技合作前景［J］.科技传播，2020，12（18）：63-66.

［38］刘玲.我国与西亚北非国家产业技术合作研究［J］.全国流通经济，2020（9）：125-126.

［39］甄树宁."一带一路"战略下国际科技合作模式研究［J］.国际经济合作，2016（4）：26-27.

［40］张唯.中国与沙特阿拉伯科技合作现状与展望［J］.科技资讯，2020，18（35）：239-241.

［41］孙文婷."一带一路"战略对土耳其与中国科技创新合作产生的影响分析［J］.甘肃科技，2021，37（1）：1-4，91.

［42］卢光盛，李江南.地缘政治经济视角下的环孟加拉湾多领域经济技术合作倡议的发展及应对［J］.印度洋经济体研究，2020（3）：49-67，154-155.

［43］卢光盛.国际机制互动视角下澜沧江——湄公河合作与环孟加拉湾多领域经济技术合作的对接［J］.东南亚纵横，2020（5）：46-57.

［44］贺艳.美国、德国大学和科研机构技术转移模式及启示［J］.华北电力大学学报（社会科学版），2019（2）：128-134.

［45］李妃养，黄何，曾乐民.全球视角的技术交易平台建设经验及启示建议［J］.中国科技论坛，2018（1）：24-29.

［46］陈曦，李志明，谭鹏.当今印度科技发展情况概述［J］.云南科技管理，2019，32（2）：40-43.

［47］张秋.印度科技创新能力分析及对我国的启示［J］.科技中国，2020（8）：27-32.

［48］岳萍，阿依努尔·满力克，夏木西卡玛尔·库尔班.吉尔吉斯斯坦科技创新能力分析［J］.中亚信息，2020（4）：3.

［49］杨建梅，黄婷婷，孟晶晶.浅析乌兹别克斯坦的科技创新能力

［J］.中亚信息，2020（9）：42-45.

［50］许鸿，汪燕，张航琨.中国（云南）-巴基斯坦科技创新合作研究
［J］.云南科技管理，2020，33（5）：4.

［51］商务部.中国-上海合作组织地方经贸合作示范区建设总体方案
［EB/OL］.http://images.mofcom.gov.cn/oys/201910/2019102818051570.pdf，
2023.8.4.

［52］上海市委，上海市人民政府.关于促进中国（上海）自由贸易
试验区临港新片区高质量发展实施特殊支持政策的若干意见［EB/OL］.
https：//www.shanghai.gov.cn/nw12344/20200813/0001-12344_61681.html，
2023.8.4.

［53］科技部.科技部启动中国—南亚科技伙伴计划［EB/OL］.https://
www.gov.cn/xinwen/2015-06/12/content_2878875.htm，2023.8.4.

［54］海南省人民代表大会常务委员会.海南自由贸易港科技开放创新
若干规定［EB/OL］.https：//www.hainan.gov.cn/hainan/dfxfg/202112/70b7bb
ac72024176b50121a8d163db5f.shtml，2023.8.4.

［55］山东省科学技术厅，山东省人力资源和社会保障厅，中共山东
省委外事工作委员会办公室，等.外国人来山东工作便利化服务若干措施
［EB/OL］.http：//kjt.shandong.gov.cn/art/2021/10/11/art_103585_10291363.
html，2023.8.4.

［56］天津市商务局.中国（天津）自由贸易试验区滨海高新区联动
创新区总体方案［EB/OL］.https：//shangwuju.tj.gov.cn/tjsswjzz/zwgk/
zcfg_48995/swjwj/202105/t20210525_5459738.html，2023.8.4.